中国新农村建设书系
农道系列

农道

沒有捷径可走的新农村之路

孙君／著

中国轻工业出版社

图书在版编目(CIP)数据

农道:没有捷径可走的新农村之路/孙君著.—北京:中国轻工业出版社,2019.4
(中国新农村建设书系.农道系列)
ISBN 978-7-5019-8223-3

Ⅰ.①农… Ⅱ.①孙… Ⅲ.①农村-社会主义建设-研究—中国 Ⅳ.①F320.3

中国版本图书馆CIP数据核字(2011)第087139号

责任编辑:秦　功　李亦兵　伊双双
策划编辑:秦　功　　责任终审:劳国强　　封面设计:奇文雲海
版式设计:奇文雲海　　责任校对:郎静瀛　　责任监印:张　可

出版发行:中国轻工业出版社(北京东长安街6号,邮编:100740)
印　　刷:北京君升印刷有限公司
经　　销:各地新华书店
版　　次:2019年4月第1版第10次印刷
开　　本:720×1000　1/16　印张:13
字　　数:158千字
书　　号:ISBN 978-7-5019-8223-3　定价:25.00元
邮购电话:010-65241695
发行电话:010-85119835　传真:85113293
网　　址:http://www.chlip.com.cn
Email:club@chlip.com.cn
如发现图书残缺请与我社邮购联系调换
190263K1C110ZBW

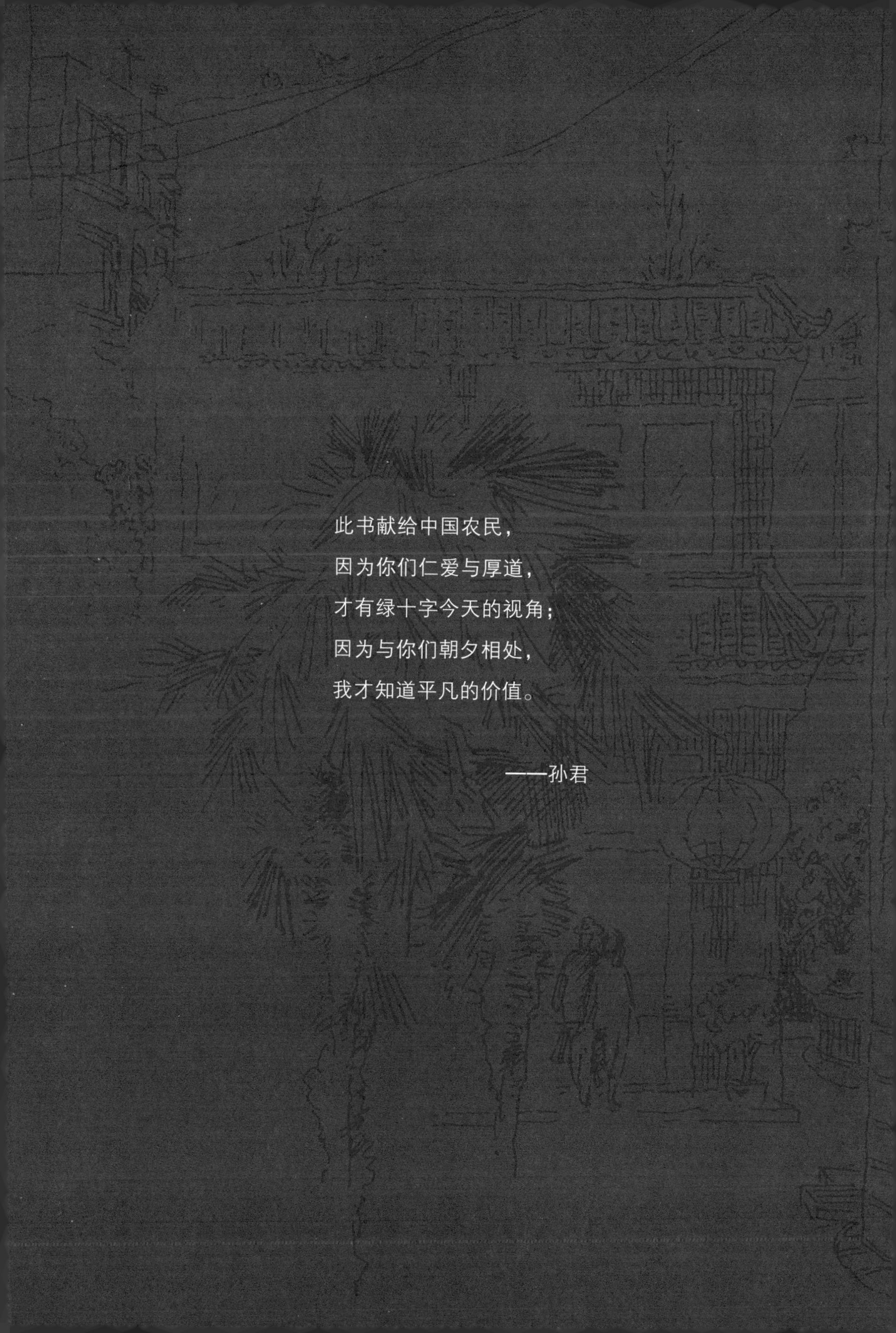

此书献给中国农民，

因为你们仁爱与厚道，

才有绿十字今天的视角；

因为与你们朝夕相处，

我才知道平凡的价值。

——孙君

《农道——没有捷径可走的新农村之路》海外版
收藏证书

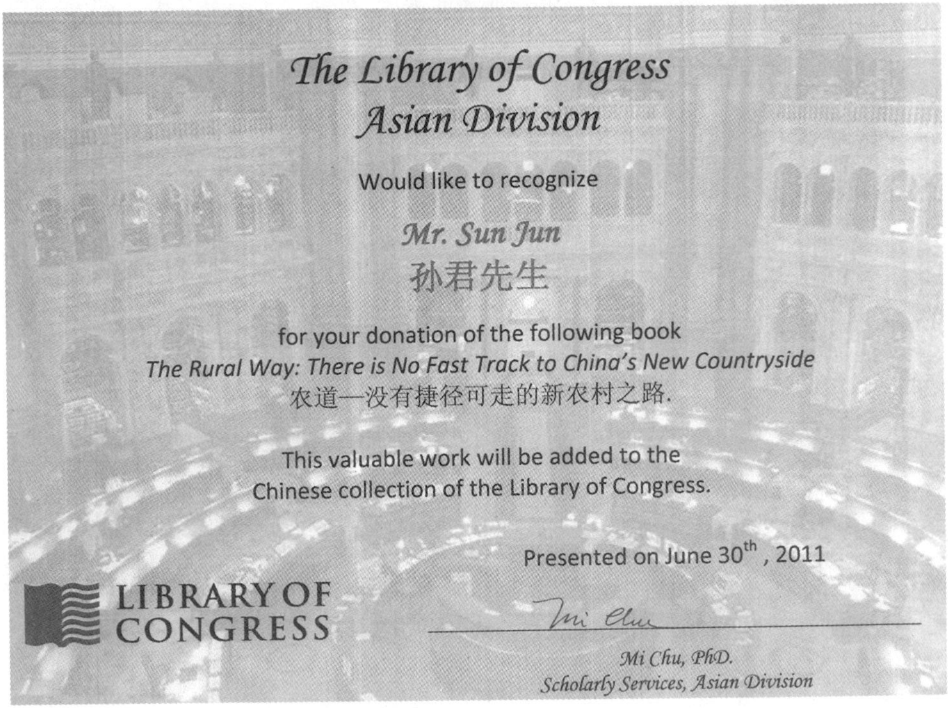

The Library of Congress
Asian Division

Would like to recognize

Mr. Sun Jun
孙君先生

for your donation of the following book
The Rural Way: There is No Fast Track to China's New Countryside
农道—没有捷径可走的新农村之路.

This valuable work will be added to the
Chinese collection of the Library of Congress.

Presented on June 30th , 2011

LIBRARY OF CONGRESS

Mi Chu, PhD.
Scholarly Services, Asian Division

《农道——没有捷径可走的新农村之路》海外版
(The Rural Way：There is No Fast Track to China's New Countryside)
于 2011年6月被美国国会图书馆亚洲馆收藏。

序一

播撒生态文明种子的人们

吴　象

人类正在遭到来自大自然多方面的惩罚。2008 年以来，中国地震、矿难、干旱、森林大火……似乎接连不断，暴雨又铺天盖地而来。山崩地陷，人死畜亡，大街成泳池，田园变泽国。2010 年 8 月甘肃舟曲泥石流，整个村庄被吞没，失踪死亡人数论百成千……

面对如此严重、巨大的灾难，我有幸读到了一本即将出版的书稿：《农道——没有捷径可走的新农村之路》，使我在忧思百端之中看到了一群默默播撒生态文明种子的探索者，看到了中华大地绿色崛起的希望。

（一）

本书的作者孙君是位职业画家，多年来他长期关注着“三农”问题，曾研究晏阳初、陶行知、梁漱溟、费孝通诸人的思想和工作方法，后来成了北京绿十字生态文化传播中心（民间环保组织，以下简称“绿十字”）的负责人。

1999 年至 2002 年，在北京延庆碓臼石村，孙君承接了“环境保护教育基地建设”的项目。他和同事们住在村里，组织和发动农民对山川、河流进行保护，对村里的道路、房屋进行改造，教农民对垃圾分类，组织村庄义务工，教他们学剪纸、念《弟子规》，做农家饭，开展农家乐系列活动。他在村里做了两个标志性的石雕，一个是“善待地球”，一个是“2000年地球日宣言”，成为人们宣誓和留影之地，于是村庄变成旅游点，声名远扬。村民年收入从1999年的1500元提高到2001年的2800元。这个村被称为“地球村”，老百姓亲切地称孙君为“村长”。

这应该说是一个成功的案例，但孙君自己却认为失败了。为什么呢？因为在村里时，孙君这个“村长”每天领着农民干活，2002年他们离开之后，书记、村长不懂环保，缺少文化，不会设计，垃圾渐渐不再分类了，旅游等活动停下来了，环境教育也不做了，经济收入又回到了原来的1500元。虽然“地球村”经过一番曲折又前进了，孙君却为此感到痛心。当时他的同事就提醒他不要管太多的事，不能成为村里的“大管家”，他却听不进去。这位画家做环保和绘画一样，一定要亲自动手，现在他才认识到这既是自己的优点又是最大的缺点。

2003年8月，孙君和京津十几位环保专家一起，受湖北省邀请考察了襄樊地区的生态环境。此后绿十字又经过四次实地考察，选择了五山镇堰河村和田河村作为生态文明的试点，并在政府和村委支持下建立了一套环境建设与经济发展相结合的方案。这个方案除了对当地自然、社会情况作了详尽调查分析之外，特别接受“地球村”的教训，重点帮助基层领导建立生态环保理念，“选择和培养”好村长和支书。因此，从签订合作协议到绿十字做完项目离村后的数年中，县主要领导换了两届，乡镇主要领导换了三届，但试点村一直保持着比较好的持续发展的状态，到现在仍能自我运作。不断进步，并带动了附近的村庄，孙君本人先后去过一百多次，越到后来越放心，再也没有“离不开”的问题了。

（二）

五山两个村的主体经济是茶叶。绿十字没有直接做经济，而是从身边的琐事做起，从生活到生产，有钱时做用钱的事，没有钱时做不用钱的事。先给农民灌输生态文明知识，做思想工作，提高文化，因为文化是根，农民有了根，发展方向就会逐渐明确，村的经济也会逐步提高。这里的茶叶售价 2004 年为 50 ～ 100 元／斤，2006 年基本上到了 300 ～ 600 元／斤，人均年收入也从 2600 元上升到 3000 元，2006 年绿十字离开了，村里仍然依据绿十字的发展理念运作，2010 年人均年收入上升到 6800 多元，超过当年全国农民人均收入的平均水平。如果从产业发展、精神面貌、人际关系、村庄环境、社会治安、文化思想等方面看，这两个村可以说已发生了根本性的变化。

我只模糊记得，以前在报刊上见过“地球村”、“五山生态试点村”，但不知其详。因为不认识孙君，当然不可能知道这些和他有什么关系。我的一位已去世的老友之子把这本书稿寄给我，代他的画家朋友请我为书作序。他知道我已是耄耋老人，执笔不易，还郑重地写了封词意恳切的信，不好推辞，在犹豫中拿起书稿来看，不料一看就看出了兴趣，几天来一篇一篇读了一遍，觉得深受启发，获益良多，内心油然而生对孙君和北京绿十字的敬意。

21世纪初，党中央提出“三农问题”是全党工作的“重中之重”，工业应反哺农业，城市应反哺农村，统筹城乡发展，缩小城乡、贫富、地区差别，以人为本，建设全面小康的和谐社会。这一系列战略决策，得到全国人民的拥护。2006年，又提出开展建设新农村运动。中央政治局委员、当时的湖北省委书记俞正声到谷城县五山镇的两个试点村考察，后经省委省政府讨论，“五山模式”被确定为湖北省新农村建设试点。人民出版社出版发行了《五山乡村日记》五本资料性、学术性的丛书。从此，五山这两个名不见经传的偏僻山村，便吸引了清华大学、中国人民大学、中国农业大学、华中科技大学等许多院校的老师、学生来这里体验生活，日本、美国、德国、澳大利亚、越南、印度以及中国香港和台湾等地的各界人士也纷纷来此调研考察。2008年湖北省襄樊市政府还授予孙君“2007感动襄樊十大人物”的称号，10个人中只有孙君不是这个城市的人。大家都认为他有资格享受这个殊荣，因为他和北京绿十字的同仁，成年累月、点点滴滴播撒着生态文明的种子，已经融入农民的心灵，得到农民的认可，并化为他们自觉的行动和生活的习惯，有希望成为可持续和可复制的模式。实践证明，这是新农村建设正确的指导思想、工作方法和路径。

（三）

近年来，全国各地的新农村建设风起云涌，既取得了显著的成就，又存在着严重的问题。集中起来说，就是不少地方或多或少把“新农村建设”变成了“新城市建设”。这牵涉到理论、体制、制度、政策各个方面、各个环节的复杂原因。中央对“新农村建设”明确规定了20字的方针：“生产发展、生活宽裕、乡风文明、村容整洁、管理民主。”完全符合科学发展观和以人为本的根本理念，没有任何不切实际的具体要求和指标。温总理还特别强调新农村建设是一项长期的工作，要用30～50年的时间来努力。可是到了有些地方，由于各种因素促成的“急功近利”，三五十年变成了三年、五年，办法是市县领导包点包村，集中全市、全县力量于几个点，大拆大建，大规划，大投资，大手笔，大跃进，接着就是媒体突出报道，弄虚作假，制造声势。实际上是又一轮大量挤占农民的耕地、宅基地，破坏植被，污染环境，官商勾结损害农民利益的行为。这是重复沿海发达地区某些地方曾经有过痛苦教训的错误道路，强行拆迁会引起社会不稳定，近年农村上访率的升高是一个信号。一句话，这是对乡村文化、历史、自治、生态、建筑的又一次雪上加霜的大破坏！

孙君和北京绿十字却有完全不同的理念和做法，一开始他们就强调农村改革初期曾经一再强调的“实事求是、分类指导”的原则。他们认为，沿海发达地区和城市郊区农民人均年收入 6000 元以上的地方已有一定基础，可以按需要逐步搞些建设；人均年收入 3000 元左右的内地农村，则应着重解决当前的紧迫问题，就是改善民生；西部山区、贫困地区人均年收入不足 1500 元的农村，温饱尚未巩固，应继续大力扶贫。更重要的是，农村情况千差万别，每个县、每个镇、每个村各有不同，每个新农村的建设都必须要有一个切合实际的规划，不是“拆旧房盖新房”的规划，而是如何一步一步解决“三农”问题的规划。什么叫“新农村”？能让农民参与的、农民支持的、农民受益的，才叫新农村。

湖北谷城五山镇的两个村庄，原本不过是很普通的偏僻小山村，垃圾遍地，污水四溢。孙君他们入村之初没有提什么大口号，更没有提什么建设，只是说农民能听懂的简单朴素的语言:“让垃圾不出村，让污水不入河”，“要有一张农民能看懂的图，不挖路，不填塘，不劈山，不占田，不砍树”;连“可持续发展”这个词也不用，只说 :“河里有鱼，树上有鸟，地上有虫”。做项目从农民的基本生活入手，从与生活息息相关的最为简单的日常事物入手，劝农民喝豆浆提高健康水平 ；教农民对垃圾分类处理（干、湿、有毒三种分开），逐渐改变环境质量，由此带动一个良性循环的开始。当农民有了一个最简单的垃圾分类的习惯后，环境得到改善，使当地的农作物增值，农民就愿意做方案上规划的项目了。孙君关注的是村民们心灵的、精神的变化。2006 年项目完成时，村子里变干净了，鸟儿又飞回来了，村民们变得礼貌了，脸上有笑容了。这时候，村民又开始关注自己的居住环境与房屋——村里的房子实在太难看。于是， 绿十字又开始为村民设计具有当地历史文化特色与地域建筑风格的民居，教他们盖房，引导农民建设属于一方水土的物质文明的新乡村，还建造了符合当地特色的茶铺和茶坛。

（四）

11 年来，除了“地球村”、“五山生态试验村”外，孙君还策划了湖北宜城市板桥店镇以协调回汉民族矛盾为主体的“襄樊王台回民村”项目、北京延庆县珍珠泉乡推动“都市新村”的整村搬迁计划、湖北枝江市问安镇开展历史文化保护和有机农业改造的“五谷源缘绿色问安”项目，湖北南漳县李庙镇鱼泉河村进行的“山区新农村建设实验”，山东费城县方城镇开发的“田园方城诸满颜公”城乡一体化的田园城市项目等。“5 · 12”震灾后他们又提出了“渐进式住房重建”的理念，向南都公益基金会和上海李连杰壹基金分别申请了服务于灾区的“乡村规划与重建工作室”和“壹基金绿色家园”项目，在什邡和绵竹重灾区开展了农村灾后住房重建和生计重建的工作。

11 年来，孙君和他的绿十字同仁，奔走于全国各地的乡村，实践着他们的乡村建设理论。每年中有 8 个月以上吃住在农村，工作在农村，勤勉、真诚、执著，简直像是一群古代的苦行僧、传教士，孜孜不倦，乐在其中。有人曾问孙君 :“你是画家，收入不少。为什么还要下乡做环保？”孙君笑着回答“画画有两种，一种是在画架上的画，一种是画架下的画，可以画得更好、更大。”他是以艺术家追求真善美的态度来从事环保事业的，十年中，积累了二百多万字的日记，是繁忙紧张的工作中留下的宝贵资料，平凡、琐碎然而真实。在2006年已出版五册丛书之后，今年又出版了这本《农道》，这一本是评论性作品，也是他们多年生态环保历练中的感悟，语言朴实，形式多样，没有教条，没有套话，没有艰涩的理论。孙君对五千年农耕文明一往情深，对当前几乎没有高中和大学毕业生留在农村工作的现状痛心疾首。他的目的是在如此现实的条件下探索建设现代化新农村的道路。孙君与他的绿十字都非常善于同农民交朋友，深知农村基层干部和支书、村长有迥然不同的甘苦，找到了建设新农村道路的入口。他们实践的项目不是拆旧房、盖新房，不是推销城市已普遍化的电器和汽车，而是让新农村与旧农村并存，新文化与旧民俗并存，时尚与传统并存；着力于生态文明的传播，消除农民心灵的污染，推广知识平民化，科技生活化；他们响亮的口号是“把农村建设得更像农村”！“三农”不是问题，而是希望！

孙君的《农道》是一条实实在在的乡村建设之道，它不仅是一种思想，更是一种方法。他们用11年的实践经验总结而得，是易懂之道，易操作之道，可行之道。

祝愿他们坚守此“道”，并大行其道！

2010年9月

吴象，安徽休宁人，1938年参加革命，1939年入党。曾任抗日军政大学教员，新华社、《人民日报》记者和编辑，1948年奉调筹备山西日报，后任《山西日报》总编辑，中共山西省委、安徽省委副秘书长兼政策研究室主任。后任中共中央农村政策研究室、国务院发展研究中心副主任。“三农”问题资深专家之一，先后出版了《阳光道与独木桥》、《昔阳到凤阳》、《中国农村改革实录》等著述，不遗余力地推进中国农村改革，为我国农村改革作出了有益的贡献。

序二

孙君才是新农村建设的专家

李昌平

孙君是城市人，是个搞艺术的。

孙君喜欢和农民一起生活和劳动。

孙君说：

“城市人信神，农村人信鬼；城市人为钱忙，农村人为情忙；城市以人为本，农村以自然为本；城市是法制社会，农村是自治社会；城市是概念经济（股票、品牌、期货等），农村是土地经济；城市人以赚钱为动力，农村人以儿子为动力；城市法重于情，农村情重于法；城市人养老靠社保，农村人养老靠儿子；城市人喜欢四季如春，农村人需要四季分明；城市是以阳历计算日期，农村是以阴历（农历）计算时辰；城市是人围着狗转，农村是狗围着人转；城市是阴盛阳衰，农村是男性社会；城市人生活在铁笼中（防盗网），农村人生活在天地间……

城市人是靠借据和法律来维系着人与人的关系，而农村是靠诚信与土地来维系着人与人的关系；城市人过节乡村游，农村人过节城市游；城市人还在追求生态住宅，而农村人出生就拥有生态家园；城市提倡人与自然要和谐，农村人与自然和谐千年之久；城市是动态的，农村是静态的。”

孙君对农村和城市、对农民和市民的理解是深刻的。

孙君多数时间都生活在农民中间。

孙君对城和乡、农民和市民的深刻理解来源于他和农民共同生活，来源于他和农民共同的新农村建设实践。

孙君和农民一起创造的“五山模式”是一个经典。

孙君和五山农民的生活也是一个经典。

五山无疑会成为很多人向往和学习的地方。

近些年，新农村建设出了不少专家，但真正的专家没几个，孙君算一个。

我佩服的三农专家没几个，孙君算一个。

了解三农，建设新农村，从读此书开始。专家也不例外。

2010 年 9 月于北京

李昌平，湖北监利周河人。1963 年生，经济学硕士。有 17 年的乡镇基层工作经验，现任河北大学中国乡村建设研究中心主任、研究员，中国经济体制改革研究会研究员，中南财经政法大学兼职教授，著名三农问题专家。曾先后就读于湖北机电学校、华中农业大学农业经济系、中南财经大学经济学系。

1983 年 1 月参加工作，历任湖北监利县周河公社团委副书记、监利县周河乡书记、毛市镇副镇长、周沟乡、拓木乡、棋盘乡党委书记、监利县县委农村工作部副部长等职务。2000 年 3 月，他慨然上书朱镕基总理，反映湖北农村的突出问题，指出“农民真苦、农村真穷、农业真危险”，引起中央对三农问题的关注。同年 9 月辞职南下广东打工，并呼吁“给农民平等国民待遇”，被评为《南方周末》2000 年年度人物。2001 年 9 月 -2003 年，就职于中国改革杂志社，任记者、编辑、副主编、执行主编，2006 年 7 月，被《南方都市报》等机构评为“2006 中国最具行动能力三农人物”。2007 年任香港乐施会中国部顾问、朝鲜项目高级专员。著有《我向总理说实话》和《我向百姓说实话》等书。作为中国民间著名的“三农”问题研究者，曾在中央党校、多家地方党校和行政学院、中国数十所高校就“三农”问题发表演讲。

目录

第一章　乡村建设之道

第二章　理解“三农”提取真经

第三章　“五山模式”的实践与思考

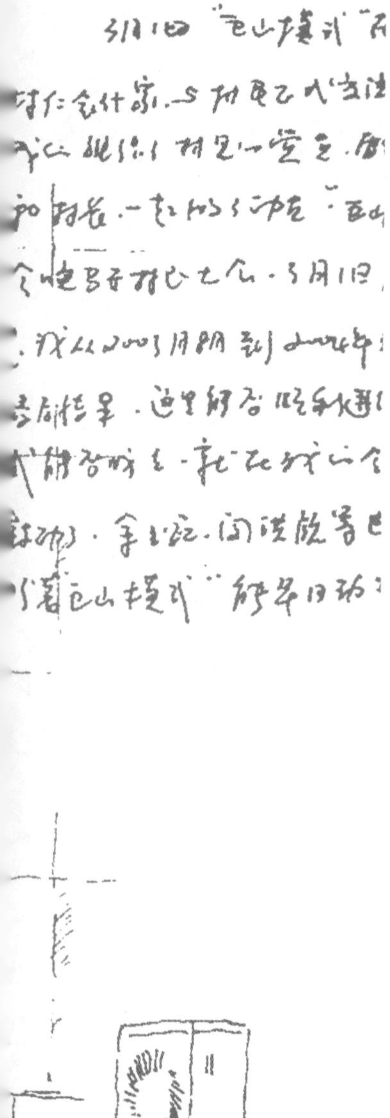

第一章
乡村建设之道

巷道

■

■

农道

中国的文明起源于农耕文明。长达6000年的农耕文明，这是世界上任何一个国家的农业文明都不能相比的。西方历史上的巴比伦、古埃及、古罗马、古印度等文明已经成为历史，人们这样评论他们的过去——“只要人类走过的地方，都会留下一片沙漠”。当今的中国不仅没有成为沙漠，而且这片土地还在支持着中国走向另一个时代的文明——新农村建设。

什么是新农村建设？什么是新农村建设的生命力？什么又是现代化的新农村？绿十字带着这些问题开始研究和实践。在这个过程中，我们又把目光投向了5000年的中国文明史，可以称之为“农道”。

当然，今天的新农村建设自然应该延续着这条古道，同时又必须添加一些当代的文明元素，关键是这些元素不能喧宾夺主，因为继承与发展才是我们的目的。

积累阶段

自1999年开始走入北京延庆碓臼石村，到2003年开始的“五山模式”、2008年开始的“灾后重建秦家坎和渔江村”，2010年前绿十字都是在村和组进行的乡村实践。2010年后我们又开始步入以镇为单位的试验区——湖北省枝江市问安镇。问安镇的历史正好也是6000年，历史学家称之为“关

农道

庙山遗址”，问安镇与中国文明正好同生同缘。

经过 11 年的乡村实践，绿十字想做一个完整性的乡村实践。正因为如此，我们选择了问安镇项目。11 年的工作经验为的就是项目复制和推广，“农民参与下的新农村建设方法入门”就是从问安镇开始，也是绿十字第一次把实践转化为理论，用理论来指导实践。

11 年的工作经验告诉我，在乡村工作要抓住四个点：一是国家政策，二是市、镇和村领导，三是农民的愿望，四是绿十字本身的资源（专家）。

由北京绿十字规划、设计并指导的五山堰河新村，于2009年建成投入使用

上述四个方面第二方面是核心，做浙江－安吉和襄阳牛首熊营项目时我太过于看重当地市领导和区领导的作用，结果因为领导的调离，项目中断。早年在延庆碓臼石村做的“地球村”项目，我们以NGO（非政府组织）为中心，结果NGO离开后，当地农民又回到过去的贫穷状态。“五山堰河新村项目”是我们做成功的案例之一，做了7年，可是复制和推广几乎很难进行，7年还是围着五山堰河村打转转。这是因为村书记能力太强，机制和制度很难发挥作用，这也是目前新农村建设中出现比较多的一种现象，当然这还算好现象之一，只是对推广和复制不利。

于是，绿十字根据现有国家的体制和政策，再次把工作重点转到配合政府的工作中去，因为目前中国的政府管理机构完整，新一代的基层干部文化水平高，创新意识强，他们清一色地受过高等教育。中央对新农村建设又有很好的政策。如何利用政府的资源，整合社会资源，系统和有效地推动新农村建设，我们计划在问安项目中探索这些问题的答案。

这个项目的运作程序是从市—镇—村一步步向下调研和理解政府意图，然后再从村—镇—市一步步的反推，重点理解农民想要什么？能做什么？又不能做什么？我们从传统自上而下的管理模式，进入到自下向上的疏通方式，实现了政府的意识和国家政策的统一。

对当前的地方政府来说，“资源的整合，思想的统一，工作的责任和科学的方法”很多时候只停留在文件和党校的课堂中，“新农村建设的落地，把中央新农村建设20字具体化”容易成为很空洞的口号。这里还有一个原因，就是专业性的问题。政府在新农村建设的各个方面，如建筑、规划、审美、生态、社会学和农业学等，难以都具备专业性，欠缺这方面的知识，新农村建设就很难有深度。所以政府容易把新农村建设想得很简单，行为停留在建房（还不好看）、刷白墙、拆旧村等阶段，结果新农村并不新，相反把乡村文明中最有价值的东西彻底地破坏了。

新农村建设一定是从政府入门，从干部思想观念更新开始。问安镇项目就是一次整镇推进，又是一次有准备的新农村建设。

政策对接

2009 年 11 月 10 日上午，湖北省枝江市王磊副市长和“新农办”刘主任接我到湖北省委党校见枝江市委蔚盛斌书记，我们专门讨论了枝江新农村建设的设想。之前我认真学习了“鄂办发 [2009]42 号文件”《关于加强全省新农村建设试点乡镇工作的意见》和《枝江市问安镇 2009—2012 年农村建设规划纲要》两份文件。晚上住枝江园国际大酒店，又学习了宜昌市委农村工作领导小组文件《关于制作乡镇多媒体资料的通知》、宜昌市《2010 年省级新农村建设试点乡镇工作的通知》和宜昌市《2010 年省级新农村建设试点乡镇工作方案》，宜新农组发（2009）1 号文件，认真领会了枝江市关于“5+1”项目的精神。

所谓“5+1”就是新农村建设中的政策性支持，也是我们在与政府合作指导项目的资金量。“5”是省里的支持项目，包括：① 2009 年起 3 年内在各试点乡镇开展 1 万亩土地整理；②三年内由交通部门对村级道路每公里提供 10 万元补贴资金；③三年内每年 50 万资金扶持；④三年内对试点乡镇的每个村镇一次性扶持 10 万元；⑤由林业部门对低产林进行改造，每个乡镇 6000 亩。“1”就是按规定从省集中的税收增量资金中拿出 25% 用于新农村建设，对试点乡镇重点倾斜。

五个文件中，“1”这个部分是关键。

本次全省乡镇新农村建设项目共有 88 个，襄阳有 9 个点，其中的两个（樊城区太平店镇、襄城区尹集乡）试点与我都有联系，结果我还是选择了枝江市的问安镇。

按说做项目最有可能选择的是襄城区尹集乡的田园城市，为什么我没有选择尹集？原因有三，一是尹集乡的村支委班子对绿十字的工作表面上认可，实际上并不积极；二是我在尹集的时候最多，但尹集乡几乎与我没有联系，只是陈副区长天天与我交流，可是乡里并没有与陈副区长搞好配合；三是襄城区原定项目费用一年 30 万～ 50 万元，可是却迟迟不能到位，导致项目不能开展。

襄阳市谷城县的“五山模式”是全省第一批新农村建设的试点，目前在全省的影响最大，如果让我选择试点，首选五山镇。可惜当地并没有继续推进五山镇的新农村建设。

目前，襄阳没有一个试点能排在五山镇前面，五山镇在全省也是位于前列，太平店镇和尹集乡再做 5 年也不大可能超越五山镇，但五山镇如不再向前做，5 年之后就有可能落在全省之后。

太平镇与尹集乡对新农村建设的理解还停留在对什么是新农村还不清楚的层面，这两个试点在观念与思想上与五山镇最少相差 5 年，所以这两个试点还不成熟。

用排除法，襄阳不在绿十字选择范围，我自己也感到很可惜，严格意义上来说，五山镇最可惜。

绿十字选择项目的标准

这些日子来自全国各地的邀请极多，深圳、安徽泾县和绩溪、湖北钟祥、河南开封、浙江温州等。很多人是不认识的，大部分是通过他人介绍找来的。我是一个比较死心眼的人，我只相信自己的眼睛，凡是没有亲自去看过的，一概不考虑。

在项目选择上，绿十字有自己的标准。

村书记或主任的标准：①最好会做生意。村领导会做生意，才能带领村民致富，思想观念才开放。这里要求是“经济政治”，而不是“政府经济”；②他的父辈最好也是村干部。这样的干部群众基础好，做什么事比较靠谱；③政府分流的下放干部。对政府做事的方式熟悉，对政策的把握比较准确；④退役军人，农民对老师和军人天生就有一种敬畏。

镇主要领导的标准：①乡镇干部是教师出身。当过老师的人，善于学习，做事理性，道德与人品上不会出大问题，为人谦虚，礼仪待客，这几点非常重要。②在组织部门和市、县办公室工作过的。这些干部有较强的领导能力，做事认真，善于捕捉政策上的发展机遇，社会活动能力强。③企业家出身、高学历的干部。

选择枝江市问安镇的重要一点，是因为市、镇领导清一色的是教师和文化人出身，靠谱。

寻找解决三农问题的方法

当今的新农村建设是中央对学者提出“三农问题”的解答，也是为了解决现实中的三农问题。但是我认为“三农不是问题，应该是希望”，农民行动起来建设新农村，这是解决三农问题的路线，我也是这么做的，并有了一点成功的经验。

我们应该记住我们建的是农村，不是城市。目前，新农村建设中最大的问题就是用建设城市的方法在建设农村。城市是福利的社会，农村靠田地生存；城市只要有电有水有厂房24小时可以工作、赚钱，而农民一年四季只有一个季节播种；城市是法律与制度的社会，农村是血缘与熟人的社会；城市是反自然的生活方式，农村靠自然生存；城市是以法制为标准，是以法律与制度体现公民的品质，而农村是以道德为主的诚信社会。总之，城市是“西医疗法”，农村是“中医疗法”。所以两种不同的社会结构，我们怎么能用城市的方法去管理农村呢？现在新农村建设中存在的问题，关键就是我们不了解乡村。说得再简单一点就是“在没有诊断病人的病因下就给病人开药方了”。

绿十字在农村工作时间长了，从事新农村建设也有了一些基本方法，于是就想做一个比“五山模式”和“穆罕默德·王台”更大、更系统的新农村建设试点，于是便有了从地球村、堰河村、王台村发展而来的枝江市问安镇（试点乡镇）。回头来看，我们的试点从村到镇用了11年。

新农村建设的试点镇如何做？我一直在考虑村与乡镇的区别。

如果说村是一个家，有1000～5000人，那么乡镇就是一个社会，也是一个系统。过去的十年中我们面对的一直是一个个的村，只要了解农民，教给村干部基本做法就可以了。乡镇则不同，乡镇有2万～15万人，问安镇有4.6万人，23个村，1个居委会。面对这样的一个比村大得多的“系统”，我认为只能依托现有的政府力量，用行政的手法，用复制的理念，发挥以点带面的作用，用非理性与理性的双重方法来推动试点乡镇的工作。

以前绿十字做村的试点只需要几个人，这次做镇的试点工作难度、强度大多了，那要加多少人啊！

别无他法！唯一的办法就是动用政府行政机制这个“机器”。比如培训就借用党校的力量，把党校老师先培训一遍，由他们再培训村干部，我们只是设定一个检查标准，而具体的检查工作交给镇政府组织部来完成。规划与设计根据我们制定的标准，由规划和城建部门联合，根据所定标准，包村包组地推行。宣传部、学校和媒体侧重于造势、宣传，做成一个运动，彻底改变新农村建设浮在面上、落不到村组的现状。此外，新农村建设应该是全社会参与并给予关爱的项目，要动员义工与志愿者，注意调动各方面的积极性，有效地支持新农村建设，而不是喊口号与摆造型。

规划是这次乡镇试点工作成败的关键。2009年11月12日下午我们召开了座谈会，邀请当地的博物馆馆长、画家、工程技术人员、规划部门、农村基层干部、政府其他有关部门人员参加会议，广泛征求大家的意见，目的是为了把成千上万人的思想统一起来，变成一个想法，达成共识，形成合力。毛泽东主席的群众工作方法还是很科学的。“建立统一战线，实事求是，批评与自我批评”，我就是运用他老人家的方法，而不用西方的民主参与式，那方法在农村效果不太明显。

新农村建设规划先行，这里的规划涵盖着社会学和人类学的很多因素，要解决三农问题。我们就要从做系统性的规划开始，这也是新农村建设中的希望之本。

干部在新农村建设中的重要性

如何让问安镇6000多年的历史形成的关庙山文化、楚文化、三国文化与文明转化为新农村建设所需要的农民文化，转化为经济，转化成枝江人的奋斗目标，这就是我们做这些项目的目的。

经反复推敲，确定了问安镇试点项目的名称为：五谷源缘，绿色问安。

经过两个月的磨合，我们认为，既然农民是新农村建设的主体，那我们的项目就应该围绕为农民做事开展。农民听谁的呢？农民一定最听村支两委的，这就是项目的核心。

做村支委还真有点难。一是村民的话一定要听，不然村民就不选他；二是镇政府的话也要听，村书记是一把手，是党的人，村支两委必须在党的领导下。

有的地区农民对村干部极度地不信任，他们反感做事走形式主义。农民信任谁？他们最信任国家主席和总理。

在中国，无论是官还是商，每个人对官都有概念，村官也是官，大部分村官不是仅盯着钱与权，而更看重面子上的事。村干部本身就是农民出身，不当官就种田，这个“官”不是体制内的，级别、福利、工资都是以补助的形式来完成。但这个“官”在村民看来就是真正的官。因为水平与文化所限，村官能力强的不多，他们又非常想为村民做事。绿十字就是抓住这种心态，对村干部进行可操作性的培训，提高这些村官的能力。只有如此，才能激活农民内在的活力。

新农村建设必须首先解决干部的观念问题，提高村干部的工作水平，让他们明确新农村建设的方法，看懂具备操作性的规划。这就是我们从事新农村建设入门的关键。

“复制”又一次放在我的面前

“新农村建设用快餐式的方式复制”这个话题放在2009年前，我可能是第一个反对，2009年后却是由我提出，想想也真是不可思议。

这是一个沉重的话题。从2005年开始，我一直在想“五山模式”能复制吗？从某一天开始，“复制”这个词在我心中就没有离开过。2007年刚从美国哈佛大学回国的郭村女士想把绿十字乡村建设工作方法编成教材，我们在一起工作了很长一段时间。最后她还是说，你们的工作太个性，太特殊了，不好编成教材，复制也是异常艰难，这个复制做不了。

从那天开始，我也彻底放弃了“复制”这个项目，又再次沉入乡村做我该做的工作。

从2005年到2008年的4年中，我遇到来自乡村的最多的一个提问就是“孙老师，您的‘五山模式’及您的思想与理念都很好，可是我们还是不知道怎么做，您的《五山模式》我们也读了，还是不管用。您能不能出一本教材或者一个文件，我们按文件，第一步做什么，第二步做什么，这样就算不能学到100%，学个70%也就可以了。”

我笑了，说：“太难了，乡村千差万别，怎么可能？”

随着“五山模式”在全国的影响，来五山镇和宜城市王台村的人越来越多，找我的县、镇、村也越来越多，我的项目点也越来越多。

绿十字只是一个几个人的组织，再说我也怕把绿十字做得太大。我怕累，怕陷入太多的行政管理中，所以我一直希望能编一套教材，把教材交给政府，政府只要拿到这套文件（教材），就能基本掌握新农村怎么做。同时，想解决生态、环保、可持续发展等问题，最好的办法就是让政府能理解并接受我们的理念。

所以我认为，把 NGO（非政府组织）要做的事想方设法转化成政府要做的事，把 NGO 的理念变成政府的声音，把公务员转化为 NGO 的志愿者，只要达到这种境界，NGO 的工作就做到家了。

目前绿十字的项目 90% 以上是政府购买我们的服务，他们又主要是购买我们的理念。他们要买一种适合于他们工作的文件（工作程序），说简单一点，就是拿到这套文件，就知道新农村建设工作怎么做。

“复制”很难，可是复制有很大的市场，政府有很大的购买力，农民也急需这样的“新农村”。

政府、农民、NGO 三者都想做新农村，但是做的方法不同。我始终在想：有无让三者都认同的新农村建设方法？

中央所下发的文件，惠民政策是一致的，各地区的两轮承包土地政策也是一致的，县、镇、村三级行政设置也是一致的，农民的收获来源在一定区域中也是相同的。

政府、土地、市场、政策四个方面之间关系基本也是稳定的，在这样的条件下，制定一套快餐式的可复制的文件是有可能的吧？

肯德基、麦当劳不是运行全世界吗？亚、非、欧等文化和经济的差距很大，可是人家不是也成功了吗？于是 2009 年 6 月我就开始考虑这个问题。这种培训课件最早是 2008 年底王佛全做的，后来难度太大就没有继续下去。

2009 年 4 月，我们试图与香港乐施会合作做一个培训式的复制培训班，可惜项目没有批下来。2009 年 8 月，襄阳要召开新农村现场会，环境脏乱差等像一个牛皮癣，政府头疼，群众无奈，绿十字更是无法，这时我就觉得如果对待每个村都像对待五山堰河村那样，当做试点来做，那中国的新农村建设做 50 年也做不完啊，“复制”问题再次摆到我的面前。

2009 年 10 月上旬的一天晚上，我和襄城区陈副区长、卧龙镇的沈书记一起到凤凰温泉山庄喝茶。喝茶的时候，陈区长说：“绿十字的理念与思想好是好，可是不能复制和推广就没有意义，价值就不大。价值不能成为经验，那就成不了价值，你说是吗？”

我一听愣了一下，不知道怎么回答。

沈书记说，农村的问题太多太多，你们经验又太好太好了，两者之间怎么可能没有联系呢？一定有，一定有。这句话，我反复在心里说，那天我喝茶无味，是啊，价值不能成为经验时，价值还有价值吗？

新农村建设“快餐法”的形成

2009 年 10 月 16 日，我开始着手编写文件，进入复制前的提纲阶段。

多年实践使我对农村政策、改革、“三农问题”成因，新农村建设自治、民主、城乡二元、环保、生态学等都有一些了解，拟提纲时我感觉我就是一个厨师，“配菜”都放在我前面，只等我下厨做菜了。

第一稿我是根据襄阳襄城区卧龙镇选三个村来做的三个月的“快餐”，主要从垃圾卫生入手，“快餐”这两个字是襄阳市委政策研究室胡晓芹提出的，比较贴切。

第二天我与卧龙镇沈书记、一位姓苏的宣传委员等 5 人又到西乡村，做农村搬迁前的动员工作。富士康张瑞麟的之万农庄投资西乡，占地两万多亩，要求原居民 120 户全部搬迁，以保护这一千亩水库（因为水库被污染得很严重）。

在来之前，我始终在想“快餐”，“快餐”如果带到西乡会有什么作用，对搬迁有什么作用吗？

西乡的村干部说这次搬迁对农民来说是好事，只是现在农民心散了，想法也多了，特别是受城市的近郊拆迁因素较大，心理欲望特高，越贫越不讲理。

“快餐”如果面临个案，那什么事也做不好，西乡就是个案。在个案中，我们还是可以看到共性的需求，这就加强了对村两委的权利与资源的扶持，用今天中央的精神就是“民事民议”、“民事民决”、“民事民管”，一句话，就是民生的问题。这三个“民事”如何建立，“快餐”就可以解决三个“民事”的前期自治、自组、自决的工作。

10月30日我又开始把项目中的具体实施的时间去掉，删除过多的社会参与，让项目在实施中更集中在“集体”的意识上。比如说在项目执行中，增加了三个村，十几个组的竞争意识，因为面子对农民比钱和法律更重要。我们在投资时，只讲集体，不讲个人，只发奖状，不发奖金，匡扶正义，遏止邪风。增加了拔河这样的集体活动，尽量让更多的人参与（300～500人一组），让村民感觉人心齐，泰山移。我们把以前的政治教育移植到娱乐之中，电影、演出、拔河，改善家庭环境，每人一年为村民做一件好事等，把形式主义、强迫性的命令、官僚主义在乡村清除，还民于真实、简约的生活。

10月31日，枝江市副市长王磊来到襄阳，就新农村建设试点乡镇和试点村找到绿十字合作。在这之前，我与市委尉书记进行了交流，他接受了绿十字理念，这使我再次编写“快餐”的时候，脑中已不再是某一个村，而是一个广义概念的农村，是一个具有共性的农村。

那时我感觉自己像一个老中医，对乡村的“脉络”把得比较有感觉了，经历了10年的失败和成功，渐渐对我走过的乡村有了较为准确的定位，并能找到其出路。

10月31日，我算是完成了新农村建设的“快餐”制作法。

在实际操作中，村干部们本事可大了，他们可以说是“人中精华”。如果他们能领会精神，并融进他们自己的学识，县、镇领导再能正确地引导，我想这些项目执行起来会比我设计的还好一些，事在人为嘛。

目前来看，“快餐法”最终选择在枝江实践，其实它是在襄阳开的花，枝江结的果。

从“快餐法”到新农村建设入门培训

从“快餐法”到公众参与的新农村建设培训的演变，对绿十字来说都是重要的，也是跨越性的进步。对新农村建设中央提出20字，如何把20字转化成新农村建设的方法，并具有操作性，这就是我们编写培训教材的目的。

2009年11月1日到2010年1月9日，“快餐法”被改了20几遍，先是襄城区陈学斌副区长看了觉得不行，看得头都大了。建议我能不能依照政府的工作方式，做一套资料，让政府官员一看就懂，让农民一学就会、让村干部一做就成。我觉得他说得很有道理。绿十字一般做政府项目，政府给我们的服务买单，我们就更应该按照政府的工作习惯来做。用了三天的时间终于完成初稿，襄阳市委政策研究室胡晓芹看了，也说看不懂，她先猛批了我一通，过了十分钟又发来表扬的短信，大概她是怕我心灵受到创伤。再就是受到“三农”专家廖星臣的再次批判，他觉得不够通俗。后来保康县余宝军副县长建议“大动手术”，最后由邱君根据余宝军的意思，再整理了一遍，这期间绿十字的荣老师又改了不计其数，用了两个月，不容易啊！

2010年1月8日晚，余宝军说应该改为“新农村建设法入门”。

虽说很简单，可是又少了参与，最后把“公众”改为“农民”，就叫“农民参与下的新农村建设方法入门”。

前后两个多月，改了26稿，绿十字的工作人员一点点地在完善。“快餐法”改得面目全非，大的框架已没有问题，还得做细节的微调，要按政府的语调整理。

在问安镇的“快餐法”培训中，首先要解决村干部的观念转变。这个转变就是培训乡村精英，调整他们的思维方法，养成他们良好的工作与生活习惯，这是很难的，但这是工作和培训中的关键所在。

如何改变他们的思维，我想更多的是用互动与实践的教学，第一次长谈，第一次启动，使项目中重要的资料保留下来。

这个时间的村干部怀疑项目不正确的想法可能都存在，这个时期特别是第一次会议要求村镇、农民都写下自己的感受、看法，一定要实话实说。

所谓“快餐”也得三个月到八个月的时间，其中要度过一个春天。这次“快餐”的基础是以村委会为核心，以政府为指导，把 NGO 的理念与工作方法转变成政府行为，真正形成 NGO、政府、农民三结合的公众参与的模式。

枝江市问安镇新农村建设入门培训合影

要解决中国农民的贫穷问题，必须先解决政府的政策问题，解决农民自身的文化与自治问题，解决政府资源整合的问题。这次绿十字做的“快餐式”的新农村，是符合政府的体制的：一个乡镇干部在一个岗位上起码要待 3 年，新到岗位，熟悉环境需要一年，干事一年，第三年就忙于调动。这样，所有大的工程项目都不易启动，一旦启动就等于给自己绊住，上面就不会让自己走，所以在乡镇做新农村建设项目，实际工作只有 1 ～ 1.5 年，这是体制决定的有效时间。

所以我们特地制定了 3 个月到 8 个月的两套培训方案，这样的时间一般乡镇和村都是能接受的。在政府、农民、NGO 三者之间，最重要的也是关键所在就是政府。严格地说，政府就是项目主体。

政府一旦认可这个方案，并使之成为他们的工作，这个项目就可能完成。政府有严格的工作程序，政府有力度、有资源、有人才、有方法，只要政府把项目列入工作计划，就有可能把 NGO 的先进理念变为政府理念，进而成为现实。

现在的问题是怎么做才能既符合 NGO 的精神与原则，又能符合政府的政策与法规，还要能满足农民的需要，这就是摆在我们面前的工作。

这个项目需要政府、绿十字、农民三方合作，所以培训教材就需要合力完成，绿十字项目之所以有操作性，能适应社会，其根本方法就是采用了开放和合作的形式。

入门培训是为枝江市问安镇做的，也是绿十字把十年的乡村工作经验进行总结的第一次，把不管是成功的还是失败的经验和教训告诉大家。绿十字也希望由做试点转入做培训。培训的宗旨就是“谁的新农村谁做主”，定位于“把新农村建设得更像农村”，具体方法就是：“参与、规划、合作、得利”。

有了方法就知道了线路，这就是农道。

2009 年 11 月 1 日于 570 次列车初稿

2010 年 10 月 15 日于北京呼家楼南里定稿

绿十字的乡村建设理论

绿十字是一支以实践为主体的团队。因为长期在乡村工作，对很多问题有了一些经验和体会，对一般性的乡村建设基本上有了80%结果的预测。绿十字的很多做法也开始得到农民和专家的认可，更多的得到政府的认可。我们所以说乡村建设理论，可能就是因为绿十字的实践有了一些规律性的总结，这些经验总结今天又开始在指导问安镇的新农村建设，进而开始影响和指导全国各地的新农村建设，并取得了一些成果。

重视乡村圈文化

我把绿十字 10 年的工作比作一棵大树，前 10 年我们做的是基础性工作，做的是“根部”的事。这里的根指的是文化与历史，没有文化与历史的乡村工作是不能生长的。树根在土壤里看不见，可它却是生命的源头。

很多乡村文化和社会关系在乡村是动态的，随时在变化的，就像在河里投进一块石头，水中会出现波和圈。这个波和圈就如同乡村的社会关系和社会结构，你走进了能感觉到，你投一块石头能看到，你不投石头这种水波自然没有，但并不表明这种复杂和动态的社会关系就没有了。

农民的生存是以姓氏和血缘为群落，我们把这个关系称为圈。就像我们今天在乡村还能看到宗祠和家谱，有的地方（云南、广西、贵州、西藏和青海等）还有不少母系社会的遗迹。村民在生产关系中，人与人的交往也基本是在这个圈内活动。这个圈因为是熟人社会，所以自然会出现以道德和诚实为核心的价值体系，村民的行为举止就逐步演义成圈内的村规民约。一圈一个村（组），而村与村，家与家，人与人都会形成不同的圈，每一个圈以外出现的水波与水波会发生碰撞，这种水波之间的汇合就形成了乡村社会，最终形成了一种今天连城市人也在说的“圈子”。中国的城市基本上也保持着农村很多文化，红白喜事、请客送礼尤为突出。城市因为是一个标准的移民社会，自然也会在生产和生活中出现乡村的这种圈子。城市只会根据人与人的利益关系再次出现新的圈子，这种圈子之间的标准，依然有道德标准也有法律关系。法规的约束大都是在陌生人之间，在经济利益中间出现的。

乡村的圈子就像我们在家庭中解决问题，很难说谁对谁错，合情不一定合理。而在今天的城市是一定要合法，合法不一定合情，这就是城乡不同的社会结构的差异性。

乡村基础性工作就是学会如何与农村和政府打交道，怎样帮助政府做一个有前瞻性的项目规划，并具有一定的操作性。我们的工作不仅仅是做乡村的事，我们还需要来自乡村建设中的各类信息、数据，包括生活健康状况、经济收入支出情况、教育状况、红白喜事的支出与收入数目，以及村民出去打工者的年龄与贫富的关系、村民的姓氏与血缘关系、打工人群回乡后的心态变化等。村民在矛盾解决中，多少事是村干部协调解决的？多少事是自己或政府解决的？多少矛盾是自然消解的？特别是对上访人群的了解与调研等。这些工作极为复杂，可是又是乡村建设中的重要现实问题。特别是数据的统计对培训来说是增加说服力的证据。这些工作可能需要专业的机构来完成，也就是说以后在申请项目时，应包括规划、调研与统计、培训、评估、总结几个部分。

尤其是乡村规划和建设中的文化和历史，这些是共性的重要特点，也是差异性中的重要生产力。规划与文化定位越准确，未来的凝聚力也就越强，公众的参与性也就越强。

把说服工作还权与村干部

上访是目前乡村基层领导最头痛的事，上访的原因有一些是因为政府的管理越位了，政府在替代村干部做事。村干部就相当于一个村的“父母”，农民上访如同一个人生病，绝大多数的病在“父母”的照料下是可以自愈的。现在的问题是“大病小病”政府都不要村干部管（因为村干部无钱无权，还有历史留下的一身债务），而政府又不知道“病因”，又不会“照顾”，结果小病酿成大病，大病小病都要上访。有人打比方，村干部是村民的“亲妈”，政府是村民的“后妈”，“亲妈”说话重一点，轻一点，甚至打一下，村民不会记在心里，“后妈”就不行。

绿十字做的很多工作就是把说服工作还权与村干部，这种权力的归还是增进社会稳定的最好方法。今天乡村出现的问题主要是政府在用城市的管理模式在管理乡村。城市是用管理，乡村是用自治，城市是法治，乡村

2003年绿十字在五山堰河村协助村干部给村民进行乡村建设培训

是人治，两者之间有很大的不同。理解城乡不同，对乡镇基层干部和村干部做好新农村建设非常重要。一个村能不能发展与村民关系不大，关键是村镇干部对本村社会关系了解程度如何。所以在选村干部时，父亲曾是村干部的，或会做生意的，在政府做过事的人会成为绿十字项目的首选条件。

与政府打交道是目前 NGO 的“一道坎”。政府官员与 NGO 打交道，是有一定的风险，有几个原则官员需要明白：①政府官员与 NGO 的项目合作有一定风险。NGO 是非政府组织，在有些政府官员的印象中，非政府就是反政府；②与 NGO 做项目不可能有贿赂，甚至连吃喝都没有；③ NGO 在官场没有什么关系，与 NGO 合作对升迁意义不大；④ NGO 的资金使用极为严格，每用一分钱都要写清楚，要说明意义，要说明受益群体，要说明风险回避等；⑤ NGO 群体的语言和行为过于超俗，说的话尽是“赋权、话语权、乡村精英、国民待遇、民主、维权、公民社会”等，有些政府官员很忌讳这些话；⑥最关键的是 NGO 要做的事一般不在政府工作的计划范围内，做与不做主要是一种社会责任和个人兴趣。

在选择项目时，选项目点的类型和选项目点的村镇干部同样重要。绿十字对村干部和镇干部都有自己的标准，达不到的绝对不合作，这就是绿十字的原则。

打开“三农问题”的另一扇窗

“三农”被称为问题是很多人肯定的。我之所以说“三农是希望”，是从辩证法的角度来看问题。生活中问题越是严重的时候，离解决问题也是越近的时候。特别是在中国改革开放的阶段，出现这些问题，尤其是农村出现问题也是政府预料到的，这是工业社会发展的普遍规律，牺牲农业发展工业。

中国是农业大国，所以在工业发展的进程中，是左顾右盼的，并没有像西方。当国民人均收入基本达到 800 ~ 1000 美元时，工业开始反哺农业。

而邻国韩国1957年人均收入近2800美元，中国台湾20世纪70年代人均收入近1000美元，日本人均收入近5000美元，美国则近3000美元的时候才开始工业反哺农业。

由此可见，中国政府在农业问题上的表现是积极的，也是负责的。尽管在反哺中有这样和那样的问题，但是总体上来说，农民是认可的，能感受到中央惠农的力度。

绿十字在近十年中始终开始从问题中寻找希望，在困惑中寻找方法，把问题转化为希望。因为出发点不同，心态自然不同，结果也肯定不同。

我们可以想一想，假如乡村政府请我们到乡村考察，我们每到一个地方就说这个问题那个问题，政府心里肯定不开心，因为要想找问题政府就不会请你来了，请你来就是找方法的。乡镇干部还有谁不知道农村的问题啊。

乡村的问题不好找，绿十字找了近十年，才开始闻到了一点味道，这种感觉是否靠谱，还需要不断的实践才能验证。

草根的工作目标是为了项目更具有专业性

农村很多价值观与城市是悖论的，对善与恶、真与假、丑与美的审判有时会有不同。面对这些问题，绿十字走的是一条专业化、实用性、前瞻性之路，这些内容在本书和《新农村建设方法与实施》中有具体描述。

绿十字在乡村做项目，不仅仅是为了做一点（项目），关键是为了帮助更多的贫困人群。正因为如此，项目要从实践进入理论，再由理论指导实践，这时的实践就是做好有准备的新农村建设。

现实中一些专业名词农民是听不懂的，比如“温室效应”、“有机垃圾和无机垃圾”、“可持续发展”、“有机食品”等，还有中文英文一起表达的词。这些都是阻碍乡村工作的重要方面。知识平面化和生活艺术化是我们与基层干部交流的主要方法。

项目申请、实践、理论、再实践，在这个过程中，理论与再实践是关键。而今天的NGO项目中，理论已经严重落后于实践。我们这些理论与思想已在不少乡村得到认可，也是指导绿十字项目的指南针。

立足于“一方水土养一方人”来做规划

为什么很多干部都不停地修改乡村建设规划？不是他们想改，而是规划总找不到方向，感觉远离现实，很难落地，更难操作。如果规划做得到位，让农民喜欢，且具有可操作性，乡村干部就不会总改规划。

在乡村工作中，最难做的是乡村规划。在规划中最难的不是技术层面的，而是规划中的文化与精神内容，这部分的软件规划是规划的生命力所在，也是我们项目的定位。目前不少地方的乡村规划基本是用城市的概念来设计农村，做得好一点的规划大多也就是通过园林设计来体现。这些规划中的很多理念是从北京和上海搬来的，没有自己的思想和生命基础，特别是没有本土文化的根基。说的再形象一点，规划做得很漂亮，但像一个美丽而没有思想的傻姑娘。

那么规划的本地性和思想性又从哪里获取呢？绿十字一般从以下渠道获取：

（1）本地的地方志；

（2）本地的展览馆和博物馆；

（3）与本地区的文化精英交流；

（4）到农民家喝酒吃饭聊天；

（5）对本区的文物古迹和全国同时代的文物进行对比；

（6）参加本地的红白喜事。

绿十字项目的调研和落地做得比较扎实。项目绝大多数是由政府购买，如果政府在财政支出中没有与绿十字合作的项目费，他们就会想办法找钱来与绿十字合作。我们的“五山模式”与当地政府合作七年，这期间换了三任镇党委书记，两任县委书记，可是项目依然与绿十字紧密配合，规划一直没有改变。我们很多项目都是这样，这就是规划定位的准确性。

但是到现在为止，我们在做项目时，还没有形成一套完整的工作流程，需要在选项、调研、统计、规划、评估、总结等方面进一步做好安排和合作。项目实施、项目评估，这个过程在绿十字项目中因人才与资金问题，一直没有更多的深入。目前，希望能在问安镇的“五谷缘源，绿色问安”项目中做一个更为完整的试点。

在这些年中，我觉得我们对乡、镇、村干部的生活、工作了解还不够。比如，我想对 50 个乡镇书记做三天的全天追踪，了解他们在三天中忙些什么？做些什么？对 50 个村干部进行三天的全天追踪；对 10 个项目点中的植物（选择一种）进行一年 12 次拍摄；对项目点每年拍 12 次，连续三年；选 10 户人家，每年拍一次全家福，拍 10 年……这些系统性工作对我的研究很有必要。再比如，对 10 户人家定位七个角度进行拍摄，每月一张，拍三年，等等。这些工作就需要时间和专业人士来完成，这些想法也开始进入我们的工作规划中。

各新农村建设点的图片拍摄体系为：

（1）①村委会；②村委会干部合影；③全村全景照（四个点）；④村口；⑤村活动中心；⑥富、中、穷 9 户，每月拍一次；⑦每户每年一次的全家福合影；⑧自由选点（2 个地方）；⑨学校合影（一次）；⑩录像：第一次座谈会、年中座谈会、年终座谈会。每半年对村庄拍摄一次，包括选定的 9 户人家专访。

（2）村户综合调查表：便于录入统计，这部分内容很细，也是项目的重点工作。

（3）村集体经济、资源、债务、村组矛盾、红白喜事、文化现象等方面的调查表。

乡村工作方面我们也开始着手整理。比如五山，我们就准备选 10 个经典拍摄角度，进行定位拍摄。这对五山的发展和变迁是最有力的佐证。这些工作做得越细，新农村建设就会更加到位。

一个项目的发展和变化不仅要用文字，最好用图片来记录当地十个定点的拍摄。这些图片所反映的变化对项目的深入和研究极有价值，也能让村民体验参与新农村建设项目工作后带来的成就感。

每个村最好请一个退休老师和村文书做志愿者，专门笔录本村发生的事，按项目要求来记，这些工作是项目在执行中的村项目史。绿十字项目点都有日记，都有文字要求。正是有了这些基础性的工作，绿十字 10 年后有了一系列的乡村建设的专著。这些作品在社会上产生了一定的影响，并推动绿十字向前走。

2009 年 12 月 30 日于北京樱花园初稿

2010 年 10 月 14 日于北京建外国贸定稿

农民参与的新农村建设方法

——北京绿十字问安镇新农村建设培训纪实

写在前面的话：北京绿十字于2010年1月22日～25日在湖北省枝江市为该市问安镇有关人员进行了一次新农村建设培训，培训主题为农民参与的新农村建设方法入门。以绿十字10年的乡村建设经验为载体，以全新的观念向镇村的主要干部和精英们解析中央新农村建设的政策方针。把中央新农村建设的20字方针转换为具体可操作的方法。通过培训，让村干部对新农村建设入门方法一看就懂，一学就会，一做就成。其间赴湖北省谷城县五山镇堰河村参观考察了五山模式。这次培训班是要培训好新农村建设的本土人才，做有准备的新农村建设，才具有复制推广新农村建设的价值。

如何落实中央新农村建设的 20 字方针："生产发展，生活宽裕，乡风文明，村容整洁，管理民主"，并转化为具体的行动，是乡镇政府和村干部面临的难题。基于"五山模式"的成果及绿十字在多个不同层次的乡村进行乡村实践的经验，培训旨在为新农村建设找出一条切实可行的路径，一个具有操作性的，并能很好地切入新农村建设的方法。

参加培训的成员来自湖北枝江市党校老师和问安镇 23 个村的书记、主任及镇主要领导干部。

探寻乡村文化底蕴　制定村规民约

——寻找乡村规划的根

绿十字主任孙君在培训课程前给学员们放了一段复原圆明园景观的纪录片，我们随着圆明园那些绚丽的画面进入遥远的想象。中国建筑，中国灿烂的文明深深的吸引着课堂里的学员们。问安镇，也是一个具有悠久历史的镇。“问安”，这个名字来源于三国。集镇规划面积3.5平方公里，是原始社会6000年的大溪文化关庙山类型的中心区，是楚文化发祥地之一。三国时期，关羽千里单骑护送皇嫂“甘、糜”夫人，来到“万安寺”（现在的问安），关羽每半个月向“甘、糜”夫人问安。后人为纪念关羽，就将这个镇称为“问安镇”。现今，问安镇已成为枝江市水产生产大镇，粮食产量连续16年过亿斤。

北京绿十字为问安镇做的新农村建设的总体规划命名为：“五谷源缘，绿色问安”。第一年进行试点村建设，完善村民自治体系，建立健全村干部考核制度，达到村民自治、管理民主、和谐发展的目标。第二年总结经验进行推广，第三年全镇新农村建设规模达到80%。形成镇村并举、镇村一体、第一产业与第三产业共同发展的模式。以问安镇关庙山遗址为核心，把新农村建设与旅游、有机农业结合起来，建立一个具有复制价值的试点。同时，打造问安镇系列农产品品牌，以文化、环保、绿色和文明来增加农民收入。

一个乡村要有好的发展，必须要有一个好的规划。如何做好乡村的发展规划？绿十字为学员们提供了一些参考意见：请教本地的文化名人和老人，他们通晓乡村的发展历史及文化渊源；观察本地人的生活习惯，从地方志查询当地的地域资料，到博物馆和展览馆找乡村的历史；要经常到乡村去走走，对本地域的遗址、古建、名胜进行旅行考察；参加他们的红白喜事，体验乡风民俗；更重要的是要了解政府近三年的发展规划。这样，对一个乡村的情况有整体的把握，才能看清乡村的发展方向，也才能为乡村做一个符合本地域特色的能实施的规划。

枝江问安镇以文艺演出的方式推动全镇垃圾分类

规划形成后要制定村规民约，让规则真正得以有序地实施。分清政府、村民和社会各自的权利和义务，健全和完善村民自治的民主管理和监督机制，推动农民参与，促进对绿色经济和有机产业的认识，转变新农村建设中农民和村干部等、要、靠的思想，使新农村建设走上稳步、有序、可持续的道路。

一个没有规划的村庄是杂乱无章的，它的未来不确定也不清晰。规划对一个乡村的建设来说是第一位的。这个规划给了村民们一个希望，一个对未来的向往，是村民们满意的，通过村民及政府的努力可以实现的。因此，评价一个乡村规划的好与坏，要走到村民中间去，只有村民们认可的规划，才能得到村民们的拥护与支持。

从村民中来，又还与村民，才是真正的为民祈福。

规划课程结束后，问安镇的陈景发说，问安镇的新农村建设，需要一种积极向上的社会风气，党员干部必须发扬无私的奉献精神，深入基层，真抓实干。一边落实惠农政策，一边制定村规民约，真正和群众打成一片，村干部要带头成为新农村建设的示范户。

同心桥村书记魏永炳有感而发：要建立全体村民共同保护环境、爱护卫生的责任机制和约束机制，通过村民自治组织经常性地开展“卫生庭院”、“文明户”、“文明组”等群众性的活动，激励先进带动后进，促进新农村建设走上规范和自治的轨道。不少学员都说通过培训明确了规划对新农村建设的意义和操作程序，对自己村的新农村怎么建设心里有底了。

把农村建设得更像农村

——“五山模式”凸显乡村建设的特点

“五山模式”对于没有去过五山的人来说，更像一个传说。这个深山里的小村庄，何以能把垃圾分类做得如此彻底而持续？何以能打造一个优美清静的乡村世界？何以能让经济如此蓬勃的发展？何以能在短短几年内走出一条村庄自主的发展道路？

历经5个小时的奔波，终于到达了五山镇。双合村的王朝敏在学习心得上写到：“给我的感觉是，虽然是冬天，也有一番诗情画意的农村风光，整个堰河村坐落在一个山围里，沿着弯曲的河流，一条明亮、干净的公路贯通全村，公路两旁粗壮的杨树，笔直通天，别有一番风景。远看层层叠叠的茶树仍然青油油的。看着清清的河流水，还有几个女同志坐在河心的石头上在使劲地捶打衣服，使我联想到这不是电视里才看到的镜头吗？我是个爱做梦的人，所以当时就很感动，住在这里的人好幸福。但孙老师说：‘你如果夏天来这里会更好，因为河水涨起来了，哗哗地响，然后坐在石头上凉极了，一边在水里摆动双脚，一边品味他们香浓的茶。’那岂不是成了仙人再世了。堰河村的房子更让我们惊叹，没有华丽的外表，没有鲜艳的颜色，青灰色，从下面看得到楼上的木框架结构，都是盖的青砖，屋檐和门窗用紫红的藤条点缀，整个房子就是那种古色古香的味道。站在楼上的阳台上，自然美丽的村庄一览无余，阳光照在身上舒服极了。徒步到村的小道上，干净、整洁，这哪里是农村，分明就是旅游景区。”

其实堰河村淳朴的村民们一直都在坚持做一件件的小事，村镇干部把“财力有限，民力无限”作为新农村建设的宗旨。全村人在没有一分钱的情况下，靠村民的义务工完成了全村的基础性工作。就像一滴一滴的水，逐渐汇成了海洋。

朱家湾村的王修松说：“我原来以为社会主义新农村建设就是把房子集中做在一起，房子建成一样的，再打上水泥路，拉上通信、宽带、有线电视，装上自来水、路灯，栽上树，建好活动中心就是新农村。过去指望上级政府拨钱或者给项目，根本没有考虑去改变村民对社会主义新农村的认识，让村民积极主动参与新农村建设。”

堰河新村 13 个不同的农民房子让他们很赞叹，用料很简单，经过精心的设计之后青色的灰砖也能盖出很漂亮的房子。原来，不贴瓷砖更漂亮！而让农民改变不贴瓷砖的建房想法也经历了一条漫长的认知之路。不贴瓷砖的房子是会呼吸的房子，是有生命的房子。

一个建筑就是一种文化，与人的生命一样，有了 60 年树龄的大树就是村庄中的一员。建筑物随着时间的积淀，其文化底蕴也会越来越深厚。一棵大树、一座桥、一个塔、群英馆、文化宫、电影院等，乡村的建筑是乡村文化的载体，是与村民们的生活、生产息息相关的生命体。

乡村以自然为中心的生活方式与城市截然不同。城市是工业化的规模性经济，农村是家庭式的个体性经济，城市与乡村在生活、生产、文化、道德，甚至在对时间的认识上都不一样。

绿十字在很多乡村的规划建设中，都遵循乡村的特点，避免用城市的那一套发展模式来建设乡村。因为乡村和城市是两个截然不同的世界。

新农村建设对农民来说就是“树上有鸟，河里有鱼，粮食能增产，住上好房，孩子能上好学，干群和谐，邻里互助。”

乡村是城市的梦想，是城市最后的心灵家园。

农民是新农村建设的主体
——农民参与是新农村建设的关键

没有农民参与的新农村就不能称为真正意义上的新农村，那是专家与干部的新农村。新农村建设是调动农民积极性，唤起村民爱村爱组的重要手段。中国农村本来就是一个大家庭，新农村建设就是要让农民参与一件事，这件事就是以村为家。培训中大家对爱国和爱家的理解有了新的认知，村民的爱国，简单说就是“男人应该建设好村庄，女人应该管理好家庭，教育好孩子”。对于村民来说，跨进门就是家，跨出门就是国，这就是村民心中的国家，我们只要每个村民建设好自己的新农村那就是爱国。

建一个农民喜欢的、符合实际的、环境和民风优美的新村庄。

现在人们把农村中的道路、水利、生态、植被、生活、文化、宗教、建房分开建设，认为相互之间没有太多的关联，这不正常。这是因为我们对新农村建设的系统性、整体性和专业性了解不够。人、自然、建筑、精神、文化是一个生命体。只有独立的规划和建设，系统就不存在，新农村建设也就很难做得有完整性，也就谈不上新农村建设的生命力。新农村建设是一个系统工程，而村民是这个系统工程中的主体，因为我们要建的是农民的新农村。

“参与的概念使我们更深一步了解如何有效地推动新农村建设。把一万个人的想法变成一种想法（规划），这个过程就是农民参与和思想统一的过程。我们现在的农村工作的方法已经落后于时代，老办法不管用，新方法又不会用。今天的参与式就是我们做农村工作最需要的好方法。在今后的工作中要尽快学习消化新的知识，把握新农村建设的思想方向。组织村民学习，提高他们的素质，要让村民了解规划、参与规划，要让村民知道村里的变化，要让村民知道新农村建设是自己的责任，要让他们知道新农村建设是自己的事。要学习五山精神，使新农村建设得更美好。”陈桂华说。

培训中有一节课专门讲如何调动大家的积极性，用什么样的方法让村民参与到乡村建设中来。

枝江问安镇进行旧房改造后的街道

同心桥村的魏永炳说：“在几天的学习中，逐步明确了什么是新农村建设，要建设成什么样的新农村，新农村又由谁来建的观念。我们要将这样的概念灌输给老百姓，使人民群众同样知道什么样是新农村，新农村又由谁来建。不能光靠政策和补贴，我们要武装农民的思想，发扬20世纪六七十年代学大寨的精神，学五山堰河村的人民为自己建好家园的精神。首先要使农民行动起来，改变村庄的环境卫生，提高生活质量，才能提高生产力，使人民增收，才能真正落实中央新农村建设20字的方针。”

课堂上的气氛与传统的教学不一样，学员们不断传出笑声。绿十字强调学习一定是老师与学员互动，不能再用传统的一言堂，这种新的教学方式更有利于激发学员的学习热情及在教学过程中的参与欲望，有利于培养他们的自主学习能力，更有利于提高学员的学习效果和综合能力。这次课程在安排时就与市领导和问安镇干部反复研究，老师讲半堂课，学员讨论半堂课，让学员写一节课。培训要随时随地根据学员的所需来调整讲课内容。

不少学员笑着说，这次培训班听到的、看到的（图片）让他们信服，这是他们近几十年来上的最喜欢的课。课间，学员之间不停地讨论讲课内容，并在学员和老师间开展交流。

说到旅游，学员们特来劲。中国远方网陈长春老师说，什么是吸引旅游的目标呢？我们只要看旅游者的照相机往哪拍，那里就可能会成为旅游的热点，那些摄影师就是旅游的风向标，也是旅游的先遣队。农民因为见得少，书读得少，对文化与历史了解得太少，很多事总搞反了。

学员说，我们不喜欢的，现在就是城市人最时尚的，这话说得还真是的。我们不爱吃的山芋、玉米、烂咸菜、豆渣，现在在城市卖得特别贵。我们喜欢的房子恰恰是城市人和旅游者最讨厌的房子……

说到贫穷的问题，大家说道，农村凡是贫穷的人家，一般都是家里比较脏的，猪圈下不了脚的，门前屋后垃圾成堆。在农村凡是富裕的人家，绝大多数是讲卫生的，门前干干净净，这些人家大多是书读得多一点，做过老师的，当过兵的。“环境污染源于人的精神污染”的说法是切合实际的……

讲到种田的时候，农民声音更大，学员们在想在说在讨论。王立平老师讲道：“我们农村三十年前都是有机农业，现在我们有钱了，书也比以前多读了，也有科学技术，可是为什么我们的病虫害越来越多，我们的土壤越来越板结了呢？”这话题让学员们谈论了好几天。王老师说：要是我们现在有 30 年前的土壤，有今天的科学技术，那农民不就富裕了吗？这节课实实在在地在学员们心中打开了土壤改良和有机农业的一扇窗。学习还没有结束，问安镇各村就有一万多亩农田加入了有机农业的示范区，开始把生物农业与现代农村对接。

作为新农村建设的课程，我们把上课的内容调整到围绕着学员实际情况来讲，而不是让学员的思想跟着老师走。上课前，问安镇李华锋书记一直强调，本次的培训就是要解决问题，要转变我们新农村建设的思路和工作方法，要把一切围绕着以村为核心，政府功能后移作为指导思想。

新干部　新农民　新农村

——转变乡村干部的思想是新农村建设的根本

当我们看到那些村干部们写得非常整齐工整的学习心得时，不由得惊呼：这些乡村干部里面有一个是书法家！那份心得就像是篇庞中华的钢笔字帖。能把字写得如此之好的村干部，做事也一定很认真。

找准切入点是新农村建设的关键所在。杨山村的袁平说，新农村建设不能千篇一律，照抄照搬，要结合各村实际，大力探索适合本村新农村建设的切入点。如环境整治、有机农业，培育新农民，新的文明行为，培育美丽的村组环境，和谐与稳定的人际关系，先进的观念和文化等。把农村建设得更像农村，在生活、生产、行为、环境、社会性上突出乡村田园特色，打造开发出村庄特有的市场价值。

来参加培训的乡镇干部们很多都很出色。徐松柏在课程结束后立即总结出他们新农村建设的思路：

加强宣传、统一思想、提高认识。利用镇新农村广播站及镇有线电视台等形式以及各种参与式会议来开展宣传。鼓励中小学生参与新农村建设，监督家长不文明的行为。让广大居民及村民提高认识，营造新农村建设积极向上的氛围。利用各个网站及媒体对外宣传问安镇新农村建设规划、目标以及建设过程，努力宣传问安镇的各种品牌，如：土鸡蛋、有机稻、农家乐等。

反复论证、慎重规划。自下而上、自上而下反复征求居民、村民意见，并与专家组展开充分论证，慎重制定切实可行的农民满意的新农村建设规划，突出问安镇三国文化主题，以村庄环境治理、垃圾分类处理为起点，以发展有机农业为切入点，进一步落实问安关庙山、楚墓群以及农家乐等乡村旅游品牌为主要内容的规划设计。

市、镇、村联合，整合项目以及资源，有序开展建设。以村庄环境整理、实行垃圾分类为突破口，迈出新农村建设的步伐，这样投资少，见效快；开展丰富多彩的文体活动，增强村镇凝聚力，让群众参与到新农村建设中去；结合项目资源，按照规划设计，有序开展基础设施建设，进一步改善生产、生活环境。

成立能为村集资增加经济能力，增加农民收入的专业合作社，例如：有机稻合作社，农家乐、生态旅游专业合作社，农产品专业合作社等，为新农村建设可持续发展提供保证。并加强宣传，争取各界资金的投入以及吸引外资投入。

枝江问安镇有机大米上市了，农民开始把现代农业科技种植引入到常规农业

建立健全镇、村干部新农村建设考核奖罚机制。村干部是新农村建设的核心，他们是一个村的家长，家长有信心了，村民才会有干劲，才更具有凝聚力。

培训过程中，参会者都在商议如何建立村干部良好的工作环境，为新农村建设提供制度保障，更好地推动问安镇新农村建设不断深入。

在课堂上，我们有个形象的比喻："如果村民的眼光是 100 米，那么村干部的眼光就应该是 1000 米，镇干部的眼光就应该是 2000 米。"因此，新农村建设的顺序是：新干部、新农民、新农村。

村干部的作用就是一个桥梁，上要理解中央精神下要了解农民，村干部的工作最难也最有价值。如果在农村，农民稳定的问题已经影响到生产和生活，影响新农村建设的进程，这就不正常了。其中一个原因是村干部和党员干部的作用没有发挥好，对新农村建设的精神理解有误。新农村建设需要把村干部引导到正确的道路上。

4 天的封闭式培训很快就结束了。镇党委副书记黄爱民在培训结束的时候讲了一个渔夫和魔鬼的故事。我们已等待了千年，现在在这么好的时机下，要很快地行动起来。这位学哲学的领导以他完整的哲学理论思考并提出问安镇的乡村建设思路：新产业、新面貌、新农民。

希望这次培训为镇村干部们打开一扇建设新农村的大门。

2011 年王佛全、孙君于北京

三种中国乡村建设者

从纯粹性方面看，乡村建设的工作者有三种。第一种人能“游山玩水”，能感受社会风情，能体验不同的文化，在文化与爱好中做事者；第二种人有社会责任感，希望用自己的能力为农民兄弟做些事，有先天下之忧而忧的胸怀；对于第三种人而言，从事新农村建设是生存的方式，那是他们的工作。

我想我属于第一种人，生活中如：中国台湾的谢英俊、艾未未……这群人大多属于艺术家，是典型的理想主义者；第二种是社会工作者、政治家、学者，如晏阳初、梁漱溟、陶行知、温铁军、茅于轼、李昌平、陶康华、王晓鸣等，还有梁从诫、廖晓义、杨团、徐永光等人是也；第三种就是活跃在NGO与市场之间的半官方半研究的从业人员，如国务院扶贫办、全国妇联、共青团中央、某些科研机构和大专院校等，都有专业部门来关注和研究乡村建设，中国一般不称乡村建设，只说新农村建设。

三种类型中，最大的区别在于各自使用自己的语言。NGO语言、政府的官方语言、学术语言，三种语言很难兼容。绿十字工作中因为包含着三种人群的合作，每次项目进行时，都会总结三种语言。政府的文件NGO不喜欢看，读者也不爱看，比如人民日报，那是政府官员看的。绿十字的项目总结每次转给政府时，他们也很费劲，还要找专业的文秘把NG0语言转成官方语言。学界又有一套自己的语言，总之这三种语言差距很大。

三者之间要属第一种较为纯粹，因为那是人的天性，是兴趣所致。就像喜欢打麻将的人去钓鱼就会觉得很累，对他来说钓鱼是一种折磨，而让他打麻将就是打三天三夜都不会累，还觉得很幸福很享受。第二种属于半纯粹，他们关注乡村建设发展中的问题，会把乡村建设当成一次运动来搞。运动结束了，纯粹性也就变成了社会性，目的就是把典型事件转化成民众的普及性。第三种就应该属于非纯粹性了，但是他们有他们的优点，就是时效性最长，专业性最强，因为他们是以此专业为生。社会科学研究院、中国科学研究院、华中科技大学等各大学的专业院校，他们常年申请政府和各大基金会的专项资金，研究水、温室气体、生态环境、乡村民主、环保治理、可持续发展，他们最终将成为这方面的专家。

三种人之中，第二种人的有效工作时间最短，可是他们能够提出治国的方略，并能引导人们走向他们认为对的方向；第三种是专家；第一种是践行者，并不时校正第三种人的理论和思想，他们以时尚的方式引导公众去实践他们的理想。我在三者之中只能是第一种人，属于业余爱好者，做乡村建设纯属娱乐，这也是我对三者之间的社会性与存在关系的一些看法。

对于“纯粹”的解释有很多，在《现代汉语词典》中词条为“纯度、纯洁、纯净、纯利、纯朴、纯正、纯真……”，核心意思就是不掺杂别的成分。根据词典的释义，我对三种乡村建设中的这三种情况再做一次分析，这三种哪种更为纯粹呢？

第一种！第一种是不带任何目的，只是为了理想。为了一种理想，生命结束的时候也就是理想结束的时候。比如鲁班、梅兰芳、达摩、达·芬奇、凡高等，这些人都是在他们各自所从事的事业中，由兴趣转化成为事业，进而达到超凡脱俗、继而疯狂的状态，在此基础上形成一种信仰。这种人所做的事绝不是一般人所能做到的。

第二种显然不是兴趣引导他们去做，而是对社会的责任感，这是某些知识分子的特性。他们是热心对社会制度进行改良与改革的人。这种人有强烈的人格魅力，有极好的识别能力，有超强的应变能力，我行我素，视强烈的社会责任感与时代的前瞻性高于自己的生命。这样的人要么在监狱里生活，要么在官场度过，如果实在不能实现自己的抱负，就会用结束生命来证明自己的志向，如屈原、李白、苏武、王安石等是也，他们的行为可以用两个字诠释，那便是“责任”。

那么，什么是“责任”呢？一是指分内应该做的事；二是指在本职工作之外去承担一种义务。如果我们再把“责”与“任”分开来解释，就是“要求”和“任务”的意思，这里有一点强加于人的成分，“任”是相信、任命、负担，两个字连在一起就是应该做好这件事。

显然，第二种人是担着一种使命与责任来做事的，如果用“纯粹”二字就盛不下了——他们是以天下为己任的君子。

第三种人所能做的准确地说应该是一种工作，一种职业（当然，在第二、三两种人之间可能还存在着一类“特别有兴趣人群”），也就是谁发工资给谁工作。有些机构因为专业性强，工作就显得极为有发言权。不管怎么说，对于第三种人而言，从事乡村建设就是一种工作而已。这群人是理性者，也是思想者，特别善于从哲学和历史中找寻成功的规律，因为他们的博学和敬业，他们可以不出茅庐尽知天下事。所以他们在乡村工作中又往往是前两种人的思想源泉，也是军师。

第一种人，是从兴趣转换为从事乡村建设工作者的。这类型的人有一个显著的特点，就是执著，不求回报。第一种类型的人只要还活着就要做事，而且会非常投入地做。而第二种人又比第一种人做事的成功率高，做的事影响力大，在社会上的运作能力强，他们看责任高于一切。

第一种人只管干活不图收获；第二种人是工作还没有做，先把事情描绘得比天堂还美丽；第三种人是不管第一种和第二种人说得如何天花乱坠，没有证明和实践的案例，对他们来说都是胡扯。当然，社会最终还是听第三种人的。

绿十字做的事，是否有纯粹性，是否是第一种？让别人来评判吧。我想绿十字应该是第一种。第一种人是农民行为，农民只会干活，收获在天。最多沾了一点第三种人的边吧。

2008 年 10 月于马鞍山珍珠园画室

■

■

慢行——建言“新农村建设”

从2005年新农村建设活动开始到今天，北京绿十字一直是新农村建设工作的实践者、项目的推动者，同时也是感叹者。感叹的原因是，如果按照今天有些县市的方法与路径来进行新农村建设，速度越快，投入越大，收效会越小。有的地方还会产生一定的负面问题。

目前，我国的新农村建设取得了很大的成就，新农村建设得到了广大农民的欢迎。但是，轰轰烈烈的新农村建设在取得了一些成绩之后，还是留下了很多遗憾，这些问题应该引起我们足够的重视。应该让大家明白，新农村建设不是三年五年就能完成的事，而是需要30年甚至需要50年的过程。在这样漫长的过程中，起步就应该慎重从事，很多问题也不能回避。总结前一时期新农村建设中的问题，主要表现在以下几个方面：

一、缺乏对农民、农村的真正了解

在不了解农民的前提下，为农民做事，为农民当家，效果可想而知。每个乡村是一个家庭，家庭里一下子换了家长，只是因为家长带着钱，恐怕也不行。有人就想不通：今天的城市不就是“有钱便是娘”吗？但是，在农村，一定是“亲妈才是妈”，钱不好使。只有真正了解农村的风俗文化、地域特色，才可能找到新农村建设的有效途径。

二、把新农村建设当成一次新的大跃进

中央的政策是好的，也是及时的，但是到下面也许就会出问题。温家宝总理说新农村建设不是短期的，是一项长期的工作，要用 30 ~ 50 年。这个时间的设定是科学的。一个试点村需要 3 年，普及到镇又需要 3 年，整个镇还原到生态农业又需要 3 年，这就是 9 年。而现在的基层政府希望用 3 ~ 5 年完成。于是就出现了把农村当成花园来建，把村庄当成都市里的豪华社区建。市县主要领导包点包村，集全县全市力量，少到几百万，多到上千万元来扶持一个典型村。然后媒体集中报道，城里人感觉新农村建设搞好了，农民过上好日子了。

建言：做有准备的新农村建设

老的历史遗留问题没有解决，新的问题又开始出现。新农村建设中的可操作性的人才，新农村建设的教员，新农村建设的规划，文化、历史与新农村建设的关系，规划与乡村民俗对接等，特别是村干部和乡镇干部观念更新的问题都需要重视并加以解决。在这些问题没有解决之前，新农村建设不宜过快。

应该看到，有些地方的新农村建设对中国乡村文化、历史、生态、建筑以及乡村自治等又是一次雪上加霜的破坏。今天我们还没有看到问题的严重性，再过几年就会很清楚的。

如果我们能好好地学习韩国新农村建设的方法和政策，中国的新农村建设就会步入一个可持续性的、能复制的新农村建设模式。

有机会读一读韩国新农村建设运动的资料，你可能会有新的感受。

希望方向不正确的、观念有问题的新农村建设慢行，以免产生不必要的浪费与破坏。

2009 年 11 月 8 日于湖北孝感

2011 年定稿

第二章
理解“三农”
提取真经

巷道

解读农村 走近农民

人们常说，入乡随俗。乡村有乡村的语言，农民有农民的生活，城市和乡村两种完全不同的生存状态决定了两种不同的思维方式，或者说是两种不同的沟通方式。

我是一个画家，画家的眼睛不同于一般人，所以我对怎样跟农民沟通、打交道，观察得细一些，体会也更多一点。也正因为如此，在乡村工作中，我能很快融入农民的生活中，并能很快成为他们中的一员。

农村和城市不一样。到底有哪些不一样？ 开始我说不清，很多基层干部也说不清，专家告诉我的也是比较空洞的概念，什么“国民待遇”、“城乡差别”、“民主、维权、乡村自治”……

我觉得不够具体。不具体，我们就没有办法找到从事乡村建设或新农村建设的路径，那些在农村做事的人和机构，也只能做在面上，这样一来项目就会做一个失败一个。于是，我和北京绿十字从 2003 年就开始深层次走进乡村，走近农民，用心、用爱一点点体会着乡村与城市的差异和距离，发现乡村其实是另一个世界！

城市人信神，农村人信鬼；城市人为钱忙，农村人为情忙；城市以人为本，农村以自然为本；城市是法制社会，农村是自治社会；城市是概念经济（股票、品牌、期货等），农村是土地经济；城市人以赚钱为动力，农村人以儿子为动力；城市法重于情，农村情重于法；城市人养老靠社保，农村人养老靠儿子；城市人喜欢四季如春，农村人需要四季分明；城市是以阳历计算日期，农村是以阴历（农历）计算农时；城市是人围着狗转，农村是狗围着人转；城市是阴盛阳衰，农村是男性社会；城市人生活在铁笼中（防盗网），农村人生活在天地间……

城市人是靠借据和法律来维系着人与人的关系，而农村是靠诚信与土地来维系着人与人的关系；城市人过节乡村游，农村人过节城市游；城市人还在追求生态住宅，而农村人出生就拥有生态家园；城市提倡人与自然要和谐，农村人与自然和谐千年之久；城市是动态的，农村是静态的。

中央在解读三农时，是以农业、农村、农民为排序，专家与学者排序则是农民、农村、农业。我倒是以为三农问题中的核心问题是农民和农村。说到农业就太宏观了，是国家层面的问题，对于我来说，只要了解政策与法律就足矣。特别是农村实行家庭联产承包责任制后，对我来说农业只是一个概念性称号。农民的特点之一就是拥有土地（含山林与河流），没有土地就不是农民。这些基本生产资料虽然由农民耕种，可是土地又属于集体所有，农民生活与生产归村委会管理。也就是说，农民与村庄（村干部）加在一起就等于农业，说的再直白一点，村干部绝对代表农民，自然他们也代表农村。这个说法虽然不太准确，可是我一直这样以为。国家制定政策，会从农业、农村、农民着眼。而我研究问题一定是从农民和农村开始。

说到三农问题，人们习惯说农业、农村、农民。今天的新农村建设中，中央对农民和农村该有的政策基本都给了，农民对政府也很感恩。修路、架电、电视、通讯、网线、农业免税、医疗合作、社会保险、九年义务教育等一一在落实。我们现在要做的只是如何帮助农民开启他们的智慧，规划未来新农村建设的目标，以可持续发展的眼光来建设新农村。

也就是说，现在最重要的是行动，是把中央的新农村建设精神落到田间地头。要推动农民继续积极参与新农村建设，解决好村民自治的管理体系，农业的问题就自然解决了。

了解农民、走进农村，这是建设新农村的首要条件。每当想到这些条件，我总会联想到晏阳初先生，脱掉西服换长衫，换掉皮鞋穿布鞋。目的就是要了解农民，体验乡村。

韩国新村运动中，学者与专家，还有官员和教员要提前三个月住到农村，目的就是要了解农民和农村。绿十字在乡村工作了近12年。对乡村生活有了一些体验，正因为有了这些基础，我们在乡村的项目一直发展得很顺利。很多人问，你们的项目为什么农民欢迎政府也支持呢？特别是政府还购你们的服务。我回答就是了解农民。

乡村是一个远离我们的世界，乡村与城市有完全不同的两种文化与价值观。我们在准备走进乡村之前，应该要了解中国历史。绿十字描述了湖北省一些乡村生活和工作细节，这些也是我们日常工作中的一些感受，希望能对准备到乡村工作的人有一点点的帮助。

贫与富

农民的贫富不仅与政策和时代有关，还与农民的年龄有关。中国社会科学研究院王晓毅研究员在与我交流时也是这么说的。2005年前后，在目前中国的农村，只要是稍微富裕一点的人家，一般来说都是有年轻人在外打工的人家，家里没有年轻人的基本就是贫穷人家，贫穷人家所占的比例大约为86%。他们的贫穷其实还不是来自正常的生活压力，而是来自于看病、上学、娶媳妇、盖房子的压力，因此贫穷周期与一个人的年龄相伴。18～35岁，是进城打工的年龄，村里在这个年龄阶段的人98%都出门打工了。他们过了35岁基本上就回到农村了，这时贫穷也就开始了，因为这时小孩要读高中和大学，父母的年龄也慢慢大了，病也多了，在城里赚的钱和银行积蓄也在十几年的建房和日常生活等各方面消费得所剩无几。一般来说只要建房的，还会向亲戚朋友或银行借一些钱，这样，随着他们年龄的增长开始变得更贫穷了。他们只有等着孩子长大再进城打工，用在城里打工赚来的钱来还父辈欠下的债，才能再次由贫穷走向脱贫甚至富裕……

绿十字一般不与村民更多地接触，特别是不与弱势群体过多地接触。在农村真正贫穷的人群比例不会超过 5%，我们要解决的是 70% 以上的常规贫穷的农民。绝大多数赤贫者在村里诚信不好，不能靠勤劳养活自己。但这些人能说会道，非常会与 NGO 打交道，其中有一部分都会写项目书了。很多乡村工作者最先接触的就是这样一群人，结果得罪了大多数村民和村干部。

我们的目的是解决贫穷人的问题，而不是统计贫穷人的数量，只有与政府合作才能解决贫穷人的问题。

交流

和农民最好的沟通方式就是提着行李，住在农民家。农民兄弟知道你是城里来的人，自然会把最好吃的给你吃，把最干净的被子给你用。吃完晚饭，你有足够的时间与农民聊天。此时你要记住，你一定要先说说城市的红男绿女，说说城市发生的事，他们会很认真地听，因为他们也很想了解城里的情况并对城市充满了好奇。对他们来说，城里的事都是新鲜的，再说了，中国城市的生活方式的确比农村至少进步 30 年。

第一天你说的事很快就会传到全村的每一个角落，第二天就会有更多的人来听，年轻人也越来越多。此时要注意：有关男女伤风败俗的事少说，特别是对年轻女性，不然村里的长者会觉得你有问题，就会毫不留情地把你赶出村。从第三天开始你就可以听他们说了，他们也愿意跟你说了，这时他们说的就是他们最真实的想法，也是你最需要的素材。

住

农民的家对城里人来说，最不方便的就是上卫生间，农民不叫它卫生间，叫茅厕。农民习惯小便在家解，是解在一个桶里，第二天再拿出去倒或当肥料，房间里的味道也会很大。大便一般都在外面解，而且茅厕有时离家有 10 ～ 20 米。中西部大部分农村目前的生活状态还处在城市 20 世纪中的五六十年代的水平，东部地区会好一点，相当于 20 世纪七八十年代。

如果有外来人到家里住，主人家不会把男的和女的安排在一个房间睡，来客即使是夫妻也一样。尤其是未婚男女或恋人，更是不能住在一起，他们认为男女客人睡在一个房间里“不干净”。

和主人关系不是太熟的客人，住在农民家里千万不要穿短衣短裤。农民比城里人封建，比城里人传统，他们看不得露肚脐和露大腿，尤其是家中有老人和媳妇，更要小心。平时最好不要和小媳妇开玩笑，不过小媳妇要是先跟你开玩笑，你就可以放开一点了。如果你和户主的关系已经非常好了，你甚至还可以更放松一点。

吃

城里人总说农村的饭菜好吃，那是偶然吃一两餐，只要你在村里住上三天，你就会吃不下、咽不下。因为条件有限，洗澡、洗菜、洗碗没有城里人讲究，城里人会觉得不卫生、不干净。可农民有他们干净的准则，他们讲的是做人、做事和良心的干净。他们最怕城里人嫌他们脏，所以城里人住农民家，特别记住不能说“难吃”，更不能说“不卫生”和“不干净”，这些都是农民忌讳的词。

穿

如果你到农村的亲戚家去玩，可能会穿得很正式，年轻人可能还会时髦夸张一点。如果到农村调研和开展工作，穿着就不要与农民的距离太大，这种距离既不要太远又不要太近。晏阳初当年在河北定县就是脱下留洋的西服和皮鞋，选择了读书时穿的长衫。

他选择长衫的理由很简单，因为在农民眼中教书的先生才穿长衫，先生在农民眼里是有文化、有知识的人，是为人师表的人，农村人对先生对文化对知识是很敬仰的。你穿长衫，他们就会认为你是可以接近的人，并且很想跟你接近，这点为我走进五山提供了很好的参考。

到今天为止，村里妇女还在说，孙君老师刚来我们村时，都说他是给妇女画不穿衣服的画的人，心里觉得挺怕人，孙老师看我们一眼，我们就觉得很别扭，浑身不自在。可是一看他穿的衣服和裤子，不是东开一个口，就是西有一块油漆（油画颜料），还有那张和农民一样的脸，就觉得孙老师和我们很近，慢慢地就忘了他给妇女画不穿衣服的画的事了，觉得孙老师就是一个充满热情的、真心实意要来帮我们的老师，现在我们看见他都会亲热地叫他一声：孙老师。

说

说是很重要的一件事，农民与城里人完全不一样，一就是一，二就是二，不像城市人，有些话真假难辨。在村里开会，大家对谁有看法，就会直接说，直接骂，这与城市又不一样。城市人要恨你，肯定不说，还当面赞扬你，人与人之间“留一手”，人基本都是具备了两张脸。所以城里人刚到农村的时候很不习惯，什么事要诚实，什么事又不能诚实，很不容易把握。比如饭不好吃，碗柜里还有苍蝇乱飞，你就不能说，那会伤农民自尊。又比如某人有缺点，你如果不好意思说，农民就会觉得你不是一个正直和有血性的人，就会觉得你是一个软弱的男人，就会从心里看不起你，你很快会失去很多朋友。

在农村你最好能迅速学会当地的几句方言，几句农民骂人的俗语。你不会喝酒不要紧，但要记住，不喝就一口都别喝，万一哪天你忍不住喝了一口，那就惨了，那你可就得罪了一大堆人，这一点千万要记住。还有一种方法就是你尽快在村里找到一个能信任你的人，这个人就会帮你说好话，这样你就会省很多时间，不过这个人最好是村干部，因为村干部在村里有绝对的权威。

问

我们到农村，首先就是一个学生，不论我们有多高的学问，多深的知识，在农民面前依旧是个学生。这一点我做得比较好，我经常问农民大哥、大娘，玉米为什么裹了那么多层虫还能爬进去，竹子能长多粗，水稻田里怎么没有青蛙，现在村里的小孩肚子里怎么不长虫了……农民见城市里来的专家教授都向他们请教，就大大增长了自信。如果你再叫他一声师傅和老师，他们会吓得从树上掉下来，就是摔折了腿他们还是能站起来回答你的问题，并且很快有很多人向你传授你想知道的知识。

钱

这个字在城市是说得最多的，说什么做什么都是钱钱钱，没钱就什么都不要谈、不要提，而在农村恰恰是说得最少的一个字，所以我们到农村要少说“钱”。在农村“情”和“诚信”比钱重要。刚到五山进行新农村建设工作的时候，我做的第一件事就是把村里从 1949 年开始参加工作的和现在还在位的村干部集中在一起互相交流感情，我就利用“老人”在五山堰河村的诚信，用他们对党的忠诚和村民对他们的信任启动了“五山模式”，这也是我们今天“五山模式”会成功的根本。我们三年没有带一分钱到五山，只带去了“情”与“真诚”，在五山我们同样也得到了五山人的“理解”和“尊敬”，在我眼里这些都比“钱”重要得多。

打与吵

在农村很多问题不是讲出来，而是打出来、吵出来、骂出来的。在农村，法制建设还不成熟，很多问题与其通过法律手段还不如农民自己面对面解决的方法好。我经常看到农民在打架，我肯定是不会去拉的，因为我知道他们打好了问题自然就解决了，你拉开了明天他们还会再打、再吵，而且会更厉害，在农村很多事是需要“打”和“吵”才能解决的。农民之间的打与吵如同家庭中兄弟姐妹闹矛盾，最后一定由“父母”（村干部）来解决。

声音

农民说话声音大，是因为农民在空旷的田野中生活和生产，就算在家里还有猪和鸡鸭的叫声，说话声音小了别人听不见，所以农民说话就像喊一样。城里就不一样，城里人一般在室内交流，声音不需要太大，太大声会影响别人。其实，中国城里人说话的嗓门还是算大的了，这就是我常说的，中国人本质上并没有真正进入城市，骨子里还是农民意识和农民做法，只是自认为是城里人而已。

握手

人与人之间的交往，只要一伸手就知道对方的身份。农民的手，粗糙，感觉很硬，与农民握手像握着一个菠萝。农民与我们握手时会显得很犹豫，手是往后缩不是往前伸，手握得不紧，他们一般两只手握你一只手，身体总是向前倾斜，似乎在握与不握之间。相反，与乡镇干部握手感觉又不一样，他们嘴里会不停地说：“谢谢领导、谢谢专家来指导我们工作”。他们手握得比较紧，很快就松手。

通常，与农民握手要迅速，不要迟疑，要握得紧一点，因为此时农民是犹豫的，农民手上常常有土，有水，有污物，有永远洗不掉的、岁月留下的类似污物的肤色，可是他们的笑容又是那么阳光，那么真实，他们的眼神中会透出珍珠般的纯洁。当下都市人视为“真情”的人性在这里随处可见，所以天下的手以农民的手最为珍贵，与他们握手的时候觉得自己从骨子里也透着一种“真情”，我相信农民也会感觉到我对他们的那份“真”。

法律

城里人多，多了就要有规矩，就要有法律。城市是以一个个的社区、一个个的单位构建的框架。城里人太多了，人与人互相之间不认识，所以需要法律和契约。农村法制不健全，农村只是一个熟人社会、人情社会，十里八乡的人互相都认识，人与人的关系就靠“熟人”的概念来维系着，并形成了农村社会的契约。而这种契约甚至不用公章和签字，只是一句话，在农村一句话往往比城市的法律文书还管用，所以农村的村干部就依据一句话来解决是非。

村干部在农村很像家庭中的母亲，没有该与不该，只有合不合情。中国农民天生就讲究平均，比如在农村有一种方法“拈阄”，这种方法在城里就不适用了。农民们喜欢有情、有义、有本事、真诚的人，他们做人的原则和交朋友的原则比城里人简单，也更原始，这一点城市与乡村的价值观差距甚远。

园林

城市的景观称园，乡村的景观称田园。园是供人游玩的，田园是农民生活和生产的空间。园是公共场所，田园是个人空间。政府现在做的新农村建设规划一般是以园林的形式来为乡村做设计，这是很不实用的，农民也不方便。所以维护成本高，农民对其破坏性强。

城乡差别

城里人对乡村的理解是有限的，农村与城市的区别主要有以下方面：

一、农民的生活与生产是不分离的，他们一边做饭一边还可以在菜地里干活。而城市就完全不一样了，家就是家，工厂就是工厂，他们只要回到家了，就不会管工厂的事。

二、城市只要有水、电、厂房和人，他们可以24小时生产；可是农村的生产有季节性，过了秋天这个季节就基本上不生产了。

三、城市是法制社会，城市是靠法律和警察来维护社会治安；而农村是靠人与人的关系来维护村庄的和谐，农村可以不要警察，而城市一天没有警察就彻底瘫痪。

四、城市人的生活资料是需要到市场去购买的，城市人一天没有钱就活不了；而农民没有钱也没有问题，他们不需要市场，他们只要有地就可以活着。

五、城市越是文明，其中的脆弱性就越强，农村是以自然的生态系统维系着农民的生存，有大自然的恩赐；而城市是以人为本的管理方法，用科学与技术来治理城市，在地震与任何灾害面前，我们就能发现城市管理的悲哀和软肋。

从2004年至2010年又连续七年发布以“三农”（农业、农村、农民）为主题的中央一号文件，强调了“三农”问题在中国的社会主义现代化时期“重中之重”的地位。应该说中国正处在一个“食为政首”的重农转型时期。农业有政策关注，有工业与城市反哺。我想建设社会主义新农村，就需要农民兄弟与专家学者一起，自立、自强，改善好农民自身的贫穷与愚昧。有了农业的保障，农民的积极参与，中国农村才会更像农村，中国农民才会欢天喜地。

2008年10月18日于北京

■

■

城市是放大了的乡村

一般人都认为今天的城市与农村有天壤之别，今天的市民是已经洗净了泥脚的城市人。

错！

近日因为研究农村社会，静心地写《农道》这本书，忽然发现城市人虽然喝上了咖啡，住了豪宅，开上奔驰，穿上了西服，可本质上还是活脱脱的农民。他们身上既留存着农民身上厚道和文明的一面，在道德和诚信上又近似农民。他们有文凭，卫生习惯好，知识、富裕程度远远高于农民，可是他们身上个体意识的特征比农民的更明显。

我曾经在网上看到一篇文章这样描述中国农民：“中国农民嫉妒心强烈得近乎病态，好看和自己关系多而近的人的笑话，缺乏诚和爱，欺软怕硬，吃硬不吃软，最势利。

许多种地的农民，只要发现和自己责任田毗邻的别人的庄稼长得比自己好，气就不打一处来！心眼多的农民，绝不会把自己孩子学习成绩优秀、自己挣高工资等好消息告诉自己的亲朋好友，因为这会遭到嫉妒。中国农民要是谁倒了霉，和自己关系多而近的人，不是发自心底的同情，而是发自心底的庆幸——幸灾乐祸。有城府的中国农民有泪只能往肚里咽，胳膊折了只能往袖里藏，否则就会被人看笑话。”

我看了就笑了，首先我是想说写这篇文章的人一定不了解中国乡村社会，不太了解农民与农民之间的特殊关系，他（她）所说的这些现象恰恰是一些农民进入到城市后变成城市人，因为水土不服，因为城市的特殊环境而引起的变异状态。

还有一种解释就是写这个文章的人可能心理有一些变态，我可以凭这篇文章来解剖写文章的人。

这个人应该是个女性，是南方人，应该是上海或是长江流域出生的人。汉族，学历在本科与大专之间，没有在农村生活过，来自知识分子家庭，有可能是单亲家庭。现实生活中夫妻关系不会太好，独身的可能性较大，另外，这个人的朋友很少。

因为农民并不是这样的，她写的完全是一个小市民和小资产阶级的状态，更准确地说是她自己的心态。

农民不是没有问题。有！也很严重，毕竟今天的农民受教育少，生活习惯和贫穷在挤压着他们，有问题是正常的。

在中国能说得上了解农民的人首推晏阳初和毛泽东，我近日再看《湖南农民运动考察报告》，认为此文到今天依然经典。

我说今天的城市仍然是乡村的延续，解放后城市人经历了60年打磨，身上还是流着农民的血。我们不要动不动就骂农民，不要轻薄和数落农民，我们同根同源还是同宗。我们要看清自己，要知道我们是谁？我们就是农民的后代，这一点千真万确。今天从城市人的行为和举止我们依然能感受到浓烈的乡村气息，这种气息就是我们典型的东方文化，带有很明显的中国人的处世哲学。

乡村是熟人社会，城市是关系社会，在城市办事不是走正常程序，而是一定要找关系，找熟人。于是请客、喝酒、送礼、贿赂等均出现了。好事与坏事都要找关系，也有的是帮朋友忙的事，还有亲戚的事，总之有事就要找人，这已经是头脑中的第一思维。在城市有钱没有关系不行，没有关系是办不成事的。当然也有很多没有关系的人也不找关系，这些不找关系的人同样也活着，只是他们做事办事要难一些，受气要多一些。于是城市就出现了公共关系学，美女关系学，经济关系学，政府关系学，久而久之就演绎成城市社会中的潜规则。这种原本属于乡村熟人社会的关系，转入到城市性质就变了，成了小巫见大巫了，变得让农民目瞪口呆。本质上说这种关系学可以捕捉到农村的圈文化的遗风。

农民一生中有三件事：建房、结婚和生子。建房是头等大事，这与今天的城市人如出一辙，城市人如今也要购房。农民一般只建一套，城市人猛一些，会买很多套，这一点远比农民下手更狠。其实还是城市社会的福利保障不健全，再加上从乡村遗传的建房习惯，城市的房越建越多，越建越不够。农民也是这样，年年建房，年年拆房。城市与乡村都是一样的景观，拆了又建，建了又拆，都在制造着 GDP，经济学家很开心，开发商更开心。

农民说话声音很大，这与他们平日在田间地头种地有关，农村风大，空间大，这就养成了大声说话的习惯。在红白喜事中说话声小了大家听不见。进城后，由于环境改变，他们声音小了很多，即使小了很多很多，西方人还是从说话就可以认定哪些是中国人，哪些是日本人。特别是他们只要一到酒店，二两酒下肚，又还原了从农民身上遗传的本性。

在乡村农民视诚信为生命，农民之间借钱一般不打借条，不立据，他们一直说打欠条写合同那是小人之间的把戏。在农村也有一小部分人是没有诚信的人，这部分人大多是农村贫穷的人群，他们因为在乡村人缘差，环境不好，就率先进入城市。在城市没有熟人，不需要诚信，这种人如鱼得水，因为在没有熟人的社会中，完全可以利用法律的空子不劳而获。这些没有诚信的人又从城市人那里学会了技术和知识，很快他们从城市淘到了第一桶金，他们转身就变成了城市人。人与人之间的陌生意识与乡村熟人习俗交织在一起，在法律与亲情中徘徊，最终成为变异的城市文明，我们称为血统不正。马与驴生的叫骡子，骡子不会生小骡子。所以很多人类学家说，城市一定不是人类的精神家园，道理很简单，就是在地球上任何一种生命，只要离开土地和自然，生命就不可能持续。

城市人在影响农村人，农村人又让“自私与愚昧”影响城市人。一旦没有诚信的人如果有了知识和科技这两样东西，结果是可想而知。

在乡村诚信社会，生活中是不立据的，只有土地是要立据的。人要是没有诚信就是立据了也没有一点用。没有诚信不论在乡村和城市都存在，只是这种劣根性到了城市就开始显露它的优势。律师、讨债公司、黑社会开始出现。这些没有诚信的人激发了城市人原本遗留的农民自私的一面，诚信开始瓦解，法律开始替代诚信。

城市的红白喜事与农村的特别接近。在城市无论是白事还是喜事，大家都要送份子（钱），有人在门口用笔记着钱数，这次人家送了八百元，你下次一定要还九百元。这钱其实是情也不是情，是一种变相的高利贷与感情混杂在一起。但是，在一般的中国人之间也算是一个礼尚往来，是熟人与好友之间的事。

实用主义，这是农民身上重要的特点，这种特性是农民的生活方式所决定的。但是当农民内心的情感被激发的时候，实用主义也会转换成一种无私奉献的精神。实用主义城乡基本一样，而相比农民的无私奉献，城市人就显得差一些，在城市人与人之间更加不信任，更加势利。

以上比较能看出从农民到市民之间是如何演变的，城市与农村之间有相同性又有不同之处，所以农民与市民之间的关系是对立统一的，不信我们看看今天的中国。

第一代进城的农民是淘金，第二代是立足，第三代开始立业，第三代或第四代发现立业的城市生活不如记忆中的儿时，关键是人与人之间不正常。于是第三代、第四代又开始梦回故乡，这种记忆不会轻易遗忘。城市的发展也会从工业文明转向生态文明，最后回到东方人记忆中的田园城市。这种回归也随着现代化的进度一样，发展越快，回归越快，只要他生在中国，这种记忆就会存在。

中国每年的春节有近三亿多人像候鸟一样等待回家，这时中国人要做的一等一的大事，就是回家！这种奇特的现象极像候鸟，这可能只有中国存在，回家的路即使要穿越千山万水，也风雨无阻。

春节时，城市人与乡村人的回家情结一模一样。这是乡村的魅力，这也是中国人的一种文化。

农村是一个孝与道自律的社会，可是又存在以自己利益为上的个体行为，他们有极为崇高的一面，也有很愚昧的行为。我们从今天的社会阶层来划分，农民、市民和公民三个成分中，农民身上有较多的公民色彩，他们在道德、爱心、互助三个方面比市民做得好。我们做社会工作的希望把农民身上好的东西引入到城市，同时也把城市人的文明与科技传递到乡村，这是城乡文化相得益彰的最佳途径。

了解中国就要先了解农民，做好新农村建设就更要了解乡村。农村建好了，农民日子好过了，用乡村的文明来影响城市，用城市的文化来回馈农村，社会和生活就会更美好。

2010 年 10 月 30 日写于张家港

水煮襄阳与新农村建设

来人杰地灵的历史名城襄阳4年了，这次已是第39次。

2008年伊始，绿十字从偏远的五山、王台开始渐渐地向襄阳市靠近，2007年项目做到了牛首和柿铺。项目越是靠近市区，压力就越大，但是不靠近市区，项目又不完整。

襄阳是一座英雄城，也是一部三国史。从第一次来襄阳，心里就有一个愿望，希望能做一个与这座城池有缘的互动项目。

很多事可遇而不可求，今天韩洼的“水淹七军”就是一个“有心栽花花不开，无心插柳柳成荫”的项目。

襄阳市樊城区柿铺办事处有一个村叫韩洼村。这个村地势低，所以村名中有一个“洼”字，《三国演义》中关羽大战庞德时的赵家桥、罾口川，关羽的马棚、古擂台、酒店等战事典故均汇集于此。绿十字受柿铺办事处邀请为这个村做新农村规划。韩洼村一年前就是襄阳市七个新农村建设的试点之一，只是一年下来后，再往下就很难做了。修路、修花坛、墙面粉白、草皮移植……这些做完了还做什么呢？不知道。

这时他们约我来看看。在走马观花的时候，我发现了这里原来就是三国中关羽“水淹七军”的核心区，而这在原来新农村建设的规划中是没有提到的内容，于是乎就有了“生活中的三国——柿铺新农村”项目。

这个核心区正好处在城市新的工业园区，一条50米宽的大马路正好填压在遗址核心区，对此我们认为严重不妥！三国中三大古战场遗址（火烧赤壁、水淹七军、官渡之战），有两处已成为当地重要的古战场遗址公园，而襄阳作为三国的重要战区，竟然把水淹七军遗址核心区改成工业园区的马路，这实在是对三国文化遗产的轻视啊！

于是与考古单位、博物馆、宣传部、媒体、九三学社及樊城区政府，还有与做襄阳城市总体规划的设计师沈迟交流，项目开始有点眉目。专家和博物馆认定这里是水淹七军的核心区，我们必须保护这个古战场的遗址……

我们计划于1月12日上午9点，在楚华乐园召开“水淹七军”项目讨论会，这是我在襄阳地区第一次为该项目举办正式的公众听证会。会议请来了襄阳市规划设计院的陈家驹、襄阳市著名评论家陈新剑，还有张克文、刘克勤、李治和、晋宏忠等历史、哲学、旅游等方面的专家，与会的有市委宣传部、有关媒体、社科联、区长、村里的农民……

主办方担心这些人来会提出不同的意见和反对的想法，会认为我们在作秀，在炒作。我说没关系，听不同的意见是难得的机会，特别是今天来的各路“谋士”本身就是地方的“卧龙”，听得越多，项目就会越完善，特别是面对一部1800年的历史，我心里真的不踏实。

由于是临时抱佛脚，这些日子，我心里总是慌慌的（原因是我对这段历史了解得太少），这次来在南京禄口机场登机前，又买了一套三国的连环画，60本啊！我一本本去看，《三国演义》、《三国志》、《六朝民俗》、《老夫子诠解三国演义》、《西部文化》、《春秋演义》、《东汉历史》……

去华中科技大学、东南大学、清华大学、武汉大学图书馆查阅过，拜访过与三国相关的建筑遗址及专家学者，渐渐地对这段历史有了一点点的感觉，一段久远的历史也在脑中有了一点印象，有了一点轮廓……

2008年1月12日上午，我等待的“水淹七军”项目讨论会在楚华乐园三楼会议室召开，以下为讨论会上部分观点的摘录：

刘克勤（襄阳市社科联主席）：

孔明和关羽是三国中的重要人物，“水淹七军”至今已有1800多年，邓城距今也有3700多年的历史了，这两段历史在中国都很著名。新农村建设与保护历史、保护文化相结合，这是一个很好的思路，也是孙君先生的理想。我们希望这个思路能够理得更清，希望这个理想能够实现。关于项目开发的问题，我谈以下几点意见：

（1）从历史上来看，遗址的方位不错，在邓城以北，韩洼就是古战场的边缘；作为文化、市场我认为都没有问题。

（2）就用“水淹七军”这个主题，比较好，重点要准不要宽。主题可以从“水淹七军”来展开，做的时候可以纵向做。

（3）文化定位是“看三国古战场，品韩洼乡村游”。

（4）目前项目还不够全，只有“水淹七军”的缩景图，内容不够，“三国的游戏”、“八卦阵”品位不高，“八卦游戏阵”、“草船借箭”可以在大李沟两岸种芦苇，但不能用水泥硬化，改为自然景观最好。

（5）老百姓的参与很重要，如果能够让老百姓的家庭旅馆、小店、小船等在开发以后都能得到利用，让他们能够获得利益，参与问题就解决了。

（6）关于旅游产品（商品）的开发：孔明锁、孔明灯、木牛流马、草船箭、孔明扇等，可以有很多。关公的题材要做够，从孔明到关公旅游产品开发的空间很大。

陈新剑（襄阳市广播电视大学教授）：

（1）绿十字认真和专业性的探索让我佩服。他们身体力行地实践理想，我们应该汗颜。

（2）韩洼项目与过去有不同的地方，那两个项目主要立足新农村，从改变农民生活习惯入手，这是关键。

（3）我的困惑是咱们准备做“新农村”还是做“三国文化”？

（4）规划就是规划，孙君先生项目的规划是从观念起步，这一个观点非常好。

（5）如果是搞新农村，我有信心；如果是做旅游，那就难说。“官渡之战”是失败的，开发商是失败了。山西是罗贯中故乡，7000 万投资三国城，也失败了。而深圳“锦绣中华”，环境成就了他们的主题公园。

（6）文化旅游与旅游文化不同，文化旅游是“水淹七军”，可行；旅游文化是观念、理念，旅游给游客带来快乐，有娱乐性，提供新的生活方式，比如“漂流”。孔明不抵刘三姐，英雄不抵孔明。

（7）谷城堰河是以茶叶为载体，而韩洼是不可捉摸的。韩洼有什么呢？吃、住、行、娱乐哪一点能成为我们的突破口呢？

（8）建一个充满三国文化的新农村，还是建一个三国文化旅游城？吃、住、娱乐是结合点！等级、餐饮、服务、语言、边际与陪衬项目，民族、民俗性要纯粹。“水淹七军”怎么恢复，需要一个很长的周期。

晋宏忠（襄阳市委党校教授、三国问题研究专家）：

（1）意见。“水淹七军”是历史的真实。建安二十四年（公元 219 年），关羽在襄阳鏖战，这是关羽一生由最光辉到最失败的转折点。三国“官渡之战”、“水淹七军”最终造成了三国鼎立的局面。

孙君老师说的这个地方可不可以定位为“水淹七军”的核心区？我认为没有问题，你不用担心，可以做，并且可以大胆地做。

（2）关于演义。“水淹七军”与三国是一回事，都可以“演义”，你又不是做考古，“演义”一下让大家来感受三国文化的生活，桃园三结义在不在这里？诸葛亮来过没有？是否是公元 207 年出的山？关键是怎么演义。

还有关羽礼拜活动，海外信奉关羽的很多，如果建一个关公圣人亭就好了。关羽是中国三教供奉的神，被历朝推到封王封神封帝的地步，因此，该旅游可以成为热点。

张克文（襄阳市委党校副校长，主要从事哲学研究）：

（1）首先要定位清楚，定位清楚才能有市场，有市场才能有钱。

我们的历史老区都穷，穷了什么文化都不行，所以定位要清楚。目的是提高农民收入，这是解决三农问题的根本，也是解决三国文化的问题。

定位就是定一个能赚钱的项目，用项目来做三国文化，用文化来推动新农村建设。

（2）打什么牌？“水淹七军”是牌，定位在一场战事，三国文化全国都有，太多了。

“远看三国文化，近看水淹七军”，有景有“七军”，好玩好看“拜关公”。

（3）地方文化。三国是关公文化，有关帝庙嘛。

“水淹七军”做好了，襄阳旅游就可能做好了，要有新的思想和新的创举。这里不是农村，不是五山，五山的经验在这里不可取，只能取精神，而不是方法。

（4）可以在这里建设一个三国的景区，设立“水淹七军管理处”。还有，邓城能否以“国”的形式存在？这些都是大襄阳的文化概念，应该认真研究。

李治和（襄阳市政协委员，襄阳五中历史退休教师）：

我认为樊城区建委找到了最好的方向。樊城北边需要水，没有想到还真有水，它是一个亮点。

“生活中的三国——水淹七军”定位准确。以群众参与来弘扬新农村三国文化，可选。樊城区农家乐已经有文化有品牌，襄阳的古文化大多在樊城。这里有很多石砖，我曾经捡到一块，上面有“龙”的纹样，是汉砖文化典型图案。我一个同伴捡到二十多块，上面有很多三国时期的纹样。

这个项目的思路要开阔一点，水在北还是在南？有一条河叫鏖战河，放在这里可以吗？河边留一个大场地，八卦图是死家伙，八阵图是一个变阵图，活的八阵图，可以让当地农民有事做。还有，大头和尚戏牛车……

陈家驹（原襄阳市规划设计院总工程师）：

（1）我说的不一定好听，我是从城市规划的角度来说。对“三国城”我有看法,我认为很多规划不成功。我以为“水淹七军”是地标,就是专题、专项的项目。

（2）“水淹七军”在《三国志》是正史，酒店、马棚、五堰二池，古战场确认的唯一性，选址是没有问题的。襄阳到今天为止，还没有利用好历史资源。虽说这里建设新农村，未来可能是城市公园，是休闲的地方，所以项目要从长远来考虑。

（3）规划是必须要尊重的，这里是城市绿地，水系、网、管、路都必须尊重规划，城市有它完整的规划体系。

（4）现在谈的是思路，不是规划，但是作为城市，这些规划要由专业部门一一审批。

（5）1996 ~ 2006 年的城市规划中，这里不是城市用地，现在已经是城市用地，城市发展得很快。我们既要历史，又要文化，还要建城市，三者之间是有矛盾的。这些事需要政府下决心，不过保护这个古战场遗址是必须的。

（6）现在是资源演绎的时代，这里作为城市娱乐可以，作为古战场就要慎重，要考虑游客在这里能玩多长时间？我们有多少钱来建？古战场应该怎么保护？把遗址围起来，没有插牌标识……

（7）樊城区实际上已到了开发的时候，历史文化景点远离城区，能回避规划上的问题，少一些麻烦。但在这里会遇到来自土地规划的问题。黄家湾要做三国文化，这里也要做三国文化，隆中要建国家 4A 风景区，要考虑如何把它们串起来，形成系列和规模效应。

韩洼村村民：

我们这里的人都知道关老爷在这里斩于禁、捉庞德，这里还有关羽的大刀留下的刀痕。这里地势低洼，每年都有水灾，亩产值一年不到200元，种地可惜了。如果能做孙君老师讲的事，那就太好了。开工厂不好，污染太重，对我们农民没有什么好处；地又卖不出钱，只是政府想建厂卖地。

胡立华（襄阳市委宣传部副部长）：

（1）孙君先生从2003年起一直在乡村传播生态文明理念，并取得了农民的信任，我代表市委宣传部向孙君先生表示感谢。

（2）我提个建议：我们不能把它做成一个普通的新农村项目，也不能做一个历史文化遗址保留项目，作为城市的历史文化公共活动空间还是可行的。

（3）课题要做得更深入，这个项目要留下，体现价值，不能做出遗憾。我建议现在可以先做的事：

①拟定近期规划布局总图；

②与旅游和三国专业方面的人士进一步地深入研究；

③以政府名义起草保护“水淹七军古战场遗址”报告；

④做几块碑：“三国水淹七军古战场”遗址；罾口川、赵家桥、擂台、鏖战台遗址。

会议研究重点如下：

1．项目定位

（1）“水淹七军古战场遗址”；

（2）城市绿地中的古文化遗址公园。

2．需做的事

（1）建关公寨（拟庙的功能）；

（2）对“水淹七军”古战场立碑 ；

（3）对“水淹七军”规划功能布局重新设定 ；

（4）整理当天会议记录 ；

（5）与中国城市规划设计院沟通，说明 1 月 12 日讨论情况 ；

（6）陈家驹（规划）、陈新剑（文化旅游）、晋宏忠（三国古文化遗址保护）三个人分头写出各自的建议。

后记：

被困在襄阳，因大雪封路无法到宜城王台三组项目点。11:00 与襄阳几个朋友再次赶到“水淹七军”古战场核对罩口川、赵家桥。王伙村书记和老书记一直说被拆的赵家桥青石板和石板还在，于是我们在一片白皑皑的雪地里开始寻找赵家桥和赵家桥遗失的青石板。这是我第四次来遗址区 。当地人又说了一个地方，他们说这条河流上方不是原来的赵家桥，老书记和柯书记也说不是，于是我就把这个地方拟定为“水淹七军”中关羽追杀于禁的原址了。

我们在图上开始重新规划地标，特别是对三国的地盘怎样在村中划定。我们假设，韩洼为刘备的地盘，王伙村为曹操的地盘，两个王伙村的书记就笑了，都把头摇的如拨浪鼓一般——都不愿做曹操的领地，因为曹操是奸臣。

在这个问题上，我们争论了很长时间，最后还是没有确认。

这个项目能否成功我现在真的不敢说，因为陈家驹说得对，这与城市规划有冲突，这么大一片工业用地能做三国旅游开发吗？三国旅游能有钱赚吗？当地人不会用工业用地做旅游与文化产业，他们不认为文化是产业，不然襄阳的旅游也不会被边缘化了！

不管这个项目能否成功，可是“水淹七军”的遗址渐渐地被人们与社会认可，让襄阳人又记住了一段历史，这就算是有价值了。

襄阳是否把这片遗址保留下来，我已经不知道了。

现在我想这里可能已经变成工业园区，因为襄阳已想建立国际大都市，要以旅游“活”市。可是在我看到和听到声音中，发展工业才是襄阳目前最想做的事。襄阳不论是做工业还是做旅游，都没有错，工业也可以做成文化，做成三国文化的现代城市，做成在山水之间的、有魅力的三国城。

旅游与工业并没有矛盾，现代化城市与农业更没有矛盾，这如同“三农”是问题还是希望也是同一个道理。

“水淹七军”项目不管想法有多好，五堰之水（黑龙堰、白龙堰、青龙堰、黄龙堰、红龙堰）最终还是把我的想法给淹了！

因为这里是襄阳，关羽大战庞德演变成了“斗地主”，三国鼎立变成了“水煮三国”，这里已不是历史上曾经雄风四起的襄阳！

2008年1月13日于襄阳南湖宾馆

2011年1月定稿

三农时代与春秋战国

全国第三届县乡干部论坛在华中科技大学宏嘉酒店召开，参会人数有60多人，县长、局长、镇书记、村主任、农民代表，还有研究三农问题的专家、学者，以及各报社的记者，济济一堂。来的人全是特意请假自费参加的，可见这次会议的意义、魅力和与会人员对三农问题的热衷。

大会组织者、华中科技大学教授贺雪峰，主要从事乡村治理和乡村建设研究。核心人物李昌平是中国三农问题的专家。湖南省社会科学院陈文胜先生，是从基层党委书记调到湖南省社会科学院的，一个用行动建立起思想的学者。中国农业大学卖大米的副教授何惠丽，安徽张德元、襄阳胡晓芹、河北贾建友……我作为NGO的代表，是第一次参加这样一个有关三农问题的会议。

中国的NGO、中国三农问题的专家学者（高校）、中央各部委及各科学研究院，这三股力量各说其道，有合有分。社会上不少人说，这是中国三农的春秋战国时代，也有人称其为：江湖时代。这种说法我同意。

我不是圈内的人，可是我熟读这个圈内人的书籍和高论。这个圈子的人各领风骚三五年。分分合合是春秋战国时代的特点，忧国意识又充满着今天学者和专家的胸怀。这就是今天的知识分子，也是这个时代的“江湖中人”，共同演义着当下的“三农春秋”。

这样的会议一看就是非政府组织举办的，参与的人也比较杂，大家随意、公平、平等。虽看似随意，但其中的等级意识在每个人心中都很清楚。他们的语言极有特点，“分享、维权、民主、公平、参与、精英、话语权、公民社会、赋权”等，这些在政府性的会议中很敏感的用语，这里平均30秒就出现一次。今天坐在这里的人，是社会的先驱者，就像10年前提出环保、生态、拒食野生动物的人，社会上的绝大多数人说他们是脑子进水了。10年后再看看我们当年的倡导已成为社会的时尚，成了中国可持续发展的战略的一部分。

乡镇干部是会议主力，学生攻击的对象恰又是乡镇干部，专家学者批判的是政府体制，于是三个层面的人开始了口水战。

我认为，总体而言，乡镇干部是中国乡镇稳定的定海针。这些“八品”村官每天都在贯彻执行从中央到地方政府的各项政令。但是，目前也有很多报道说乡村干部的不好。不好的村干部也有，但我看到的大多是想做事的，想让乡村一天天好起来的。

晚上的会议在最后结束时，有了一小段争吵。贺雪峰说：“孙君提的信仰我觉得很重要。”南京大学成伯清说：“我认为希望更重要，孙君的（把三农问题看成三农希望）观点在改变三农问题切入的视角，有其独到性，也给解决三农问题找到一条切实可行的方法。”李昌平抢过话筒说：“我认为行动才是最重要的，孙君的行动是我们研究三农问题的人最值得学习的。”陈文胜大声说了什么，我没有听清楚。当时正处在散会状态，很乱，只见陈文胜大声地嚷着什么。贺雪峰与李昌平正在抢着说话，陈文胜离话筒太远，只能大声插话。台下的人都在关注这种民主、实话实说的学术交流，这种氛围让我很是开心。

第二天在吃早餐时遇见贺雪峰。贺说：“昨天对你进行人身攻击了，不在意吧？”我笑了，不明白贺说的什么意思。贺雪峰憨厚、善良，是个善面、善心之人。

这次会议有很多华中科技大学的研究生和博士生参与，他们观点明确，即使有点偏激，但是那是一份执着，表达的是对农民的关心，他们对社会的责任感在感动着我，让我看到了这个领域更多的是一片阳光。吕德文博士、杨华博士、沈瑞峰博士对我影响较大。

中国绝大多数会议是一个精神，一种声音，若有反调就会吓死主办单位，吓晕主办领导。本次会议则大不相同，会议主持人、评论人是不固定的，轮流坐庄，不设主席台。不论县长、局长、镇书记、教授还是研究生，也没有任何生活与住宿上的差别。早餐随意，中餐不给喝酒，晚上可以狂饮，然后再到会议室狂言，学术很严肃而形式上有些随意性是本次县乡干部论坛的特点。

华中科技大学的第三届县乡干部论坛，让我有机会加入到全国研究三农问题的队伍。不少人同意绿十字的观点，五山新农村建设的案例深深地打动了参会者。我听到最多的两个字就是“震撼”。

贺雪蜂教授有一个学生很叫我烦心，他总对我说，你那个五山模式宗教色彩太重，不可复制。你那是画家做的事，不是画家又怎么办啊？更让我头痛的是，他说你会不会成为政府的傀儡？我笑说，可以啊，只要能改变那里，农民有收获，环境有改变，傀儡就傀儡吧！这个学生很满意地点点头走了。以后我只要一见到他就绕着走，他提的问题很棘手，我怕他，也不喜欢他。

在我离开武汉时，襄阳市委政策研究室胡晓芹给我发了一个短信：“这次你在会上成了被议论的对象，可惜你没听李昌平关于金融合作的详细介绍，很是不错，你有时不谦虚啊。县乡干部论坛明年在安徽举办，在你家乡，贺说请你一定参加。”我说好啊！我特别想与李昌平和贺雪峰老师合作，独善其身的时代我想会很快过去。我还是喜欢做画家，感觉好，是有品位的生活，而三农问题有江湖的感觉，我喜欢可是我又害怕，那里都是一顶一的高手！两个会开完了，我也不知道会议说的什么，我也没有听明白，来参会的人大多数说的是地方语言，很难听懂。还有待会后好好琢磨。

江湖上有江湖上的道，道又称潜规则。道的本意是忠孝，讲的是诚信。不然就不能立于三农界。江湖就是坐下来三斤酒，站起来就无踪影。江湖上每一个人都有自己的称号，各自有自己的天下（弟子），各自都有自己的个性与功夫，这一点在当今的中国可是难得。江湖上没有说谁听谁的。今天在这个会上看到的三农其实与江湖世界很有一比。

这次会是在为谁主持正义呢？自然还是农民，为弱势的三农呼吁。李昌平、贺雪峰、何惠丽、陈文胜，还有安徽张德元、襄阳胡晓芹、河北贾建友等。中国百年来的惠农政策也正是由他们富有个性与正义的呼吁引起中央高度重视后出台的。当然所付出的代价也是沉痛的，尤其是李昌平先生。

这就是知识分子的典型特征，对政治家的不满、对祖国的忠诚、对弱势的关爱。他们说完之后，又速速回到江湖上来，大口喝酒大碗吃饭。

这种意识形态原本不属于知识分子，可是在中国个人主义盛行使得知识分子不得不行走于法律与江湖之间，游离于政策与潜规则之中。这样的社会构筑本身就是一个活生生的江湖社会。国家意识决定公民意识，今天的中国就是一个江湖中国。可惜，当下的中国假江湖特多，一等一的江湖那真是屈指可数。未来中国最缺少的就是个性和诚信，缺的是正义敢言的江湖人。

江湖上的事不听不行，听了也不要当真。在江湖空间听完了，大家就各自回家，躲在一个小岛上，或在院校的研究室里又开始练起自己的功夫。等到第二年春天再江湖一把，又开始大侃自己的“功夫”！

后来想想我明白了，听不懂就对了，这就是江湖，这就是三国时代的特点！群雄竞起、青梅煮酒、行侠仗义、浪迹乡村，这时我明白会议的内容了！

2009 年 11 月 9 日于华中科技大学

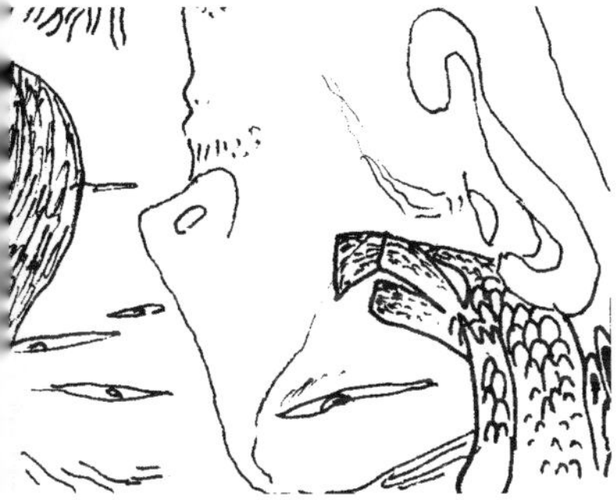

第三章
“五山模式”的实践与思考

巷道

在实践中提升“五山模式”

2003年绿十字进入五山调研，2004年制定了“五山模式”实施计划。从一个村到区域发展，再到今天茶叶主题公园的乡村旅游，“五山模式”一边摸索一边总结，一边校正一边完善，这里我已经说不清是否农民在提升我，村干部在不停地校正绿十字的乡村建设理论。

最初我来到五山，带着温铁军、李昌平等先生提出的“三农问题”进入堰河村，同时也走入中国的很多乡村。在这个过程中，我发现农民并没有像专家和学者说的那样很贫很穷，他们的日子并不像城市里那样精致，可是他们过得也是有滋有味，男耕女织，天人合一。每个村都有一些很穷的人家，也有不少娶不到老婆的男人。我们吃饭时也常常坐在一起，问问

第一次走进五山的专家和学者们

他们苦不苦，他们从来没有说苦，只是说“习惯了”，农民过日子就是这样，说完就开始喝酒吃肉。

生活中有些事会让我觉得很奇怪。我多次被邀参加各种农民合作社和乡村民主选举的培训班，不少农民来的时候是精神焕发的，想学习先进的乡村工作方法，可是在培训中不少学者和专家不停地在说农民的权利、国民待遇、城市剥夺农民的利益等，那些农民听着听着就很生气，就严重感觉到社会的不公平。于是在培训结束的时候每一个农民学员都义愤填膺，准备回到家乡开始维权，要回属于自己的权利。

几年以后我又遇到他们，发现他们有点精神上的问题，一句话不停地说，每次见面他们都会拿出很多上访资料。开始专家学者还很热情地接待，后来感觉反映的那些事他们也无能为力，就开始有意识地回避。专家还是专家，可原来那些纯朴的农民变成了“九斤老太”，他们有一些成了上访专业户，他们想要回他们的“国民待遇”，他们想要回属于自己的民主……

有一次我和一些专家到某乡村考察，专家们一进村就开始批判，这个专家说公开墙是形式主义，水泥路太不像农村。那个学者又说农民义务工就是对农村的剥削，见到红砖砌的房子还说这是对土地的破坏，特别是看到农民在地里撒化肥时，学者说“为什么不使用农家肥啊？”他们看到乡村大楼就说“政府腐败”，看到农村垃圾就说“应该做垃圾分类”等，第二天来陪我们的人由 7 个人变成 3 个人，第三天只有 1 个人。我问人呢？陪同我的人说我们是一支说唱团的，对乡村一点点也不了解，说的都是废话。私下里这个人对我说：这些专家一不懂农村，二不懂农民，三不懂农业，总结是“三不懂专家”。这对我影响很大，因为我们这批专家中有一些是大名鼎鼎的“三农专家”啊。

我在乡村看到是有一些问题，国家政策上的问题，农民是解决不了的，地方政府也是无能为力的。农民总体给我感觉是健康的，心态是开怀的，日子是平稳的，人情是温和的，对人也是友善的。相反，我感觉到城市间题远远比农村严重，特别在精神、人与人的关系上，城市的生存压力让每一个人变得为钱而奋斗。

所以我在想，要了解农民就要让自己像演员一样，真实地体会农民的生活，了解农民的心理世界，感觉农耕文明与城市文明的不同，不然就不知道我们是来五山帮助农民，还是给农民添乱？

我到今天还记得那次陪同我们的那个镇干部，他的话我记忆犹新，不了解农民，不感觉他们的心里世界，我们怎么能做好乡村工作？

于是我转变观念，调整心态，走近农民，从五山开始。

理念从实践中产生

我反对把“三农问题”无限扩大化，三农是问题，只是发展中的问题；三农是问题同时也是希望，问题与希望的对立也是能转换的。三农问题是现代化发展进程中不可回避的过程，所有发达国家都是这么走过来的，中国也只能如此。回头看看百年的农民，我觉得只有这二十八年来中国农民的生活最稳定，笑容也最多，近百岁的老人还健在，他们是历史的见证人。

新农村建设是一个漫长的过程，要记住城市发展的教训，垃圾、污水横流不行，再也不能以破坏环境为代价，环境、道德和文明要先行。西部建设还要环保先行，新农村建设更应该如此。城市现代化是一个超常规的发展，不能说不对，只是成本太高。经济高速发展了，可丢掉了很多精神的东西。现在农村发展要反思城市的教训，不能除了“钱”什么都没有？粮食关系到13亿人的生存，中国人没有粮食，全世界就要闹粮荒了。

新农村建设升温的速度惊人，近五十年来，每一次的政策都会成为运动，大家习惯了，说的、唱的，肯定比做的好。这回中央非常慎重，可是各地还是大拆大建、大规划大手笔，中央已感觉到其中的问题，但基层干部依然不理解新农村到底是什么样？没有样板，有了又学不了，比如华西村、滕头村、红沙村等很好，只是学不了，没有那么多钱，那种样板只能看看，只是提供了有钱的发展模式。我以为“五山模式”以及德国在山东南张楼村做的“巴伐利亚试验”就是比较现实的新农村，很多理念值得大家学习。

财力有限，民力无限，中央投入了巨大的资金，如果仅仅靠资金来建设新农村那是个重大的误区，城市建设中不可持续的问题就是如此。回馈社会、文明道德，不是钱能买回来的，我们还是应该倡导曾经的大寨和大庆精神，注重公众参与，群策群力，依靠广大农民。虽然很多年过去了，这样的精神也有当年的局限性和不科学之处，我们依然觉得这种精神非常可贵，这也是新农村建设最大的资源。资源的体现一是精神，二是物质，这就是所谓的两个文明。

新农村建设可大体分为三种类型，第一种是都市新农村（人均年收入6000元左右，根据时代发展相应调整），是农村城镇化发展的趋势，主要体现城乡资源共享，功能良性互动，基础设施和公共服务比较完备，城乡一体化。第二种是中部新农村（人均年收入3000元左右），尽快完善水、电、路等基础设施，加速提高农民收入，这个群体很大，情况也很复杂，“五山模式”就是这种类型的。第三种是西部农村（人均年收入1500元以下）主要是解决脱贫问题，还谈不上新农村。这种类型的新农村建设首要任务是解决吃饱穿暖等问题。新农村建设最佳的方法就是建立试点，榜样和示范的力量是无穷的。

新农村建设不能描绘得太美好，西方人用了几百年时间才完成农村现代化，而且还存在很多问题，中国人地关系高度紧张，资源严重匮乏，我们还有十三亿人口，2030年人口还要增长到17亿，我们还是第三世界国家，所以我们要面对现实。毕竟在三十年内人均一亩二分地的状况不会改变，这就是中国农民的现实状况。新农村建设只能逐步推进，不可能一步奔小康，泼出去的水是收不回来的，这种教训已经很多了。

“五山模式”的定位“先生活，后生产”是由中国社会科学院研究员龚益先生提出，“先生活，后生产”并不是什么新概念，而是人类在自然界长期生存中总结出来的一种最简单的规律。我认为新农村建设一定要选择走“先生活，后生产”的道路，否则就会走“弯路”。新中国成立以来，我们很多地方、很多行业在建设中采取了“先治坡，后治窝”，甚至“光治坡，不治窝”、“只要生产，不管生活”的错误方针，几十年下来，给后来人包括政府留下了巨大的社会“债务”，甚至成为严重的社会问题，成为激化社会矛盾的导火索。“先生活，后生产”不是“只生活，不生产”，而是在安居乐业的顺序下愉快地生活、愉快地生产，在生活、生产的过程中时刻关怀生态，形成一种“三生有幸”（龚益先生语）的和谐局面。

把农村建设得更像农村，这是一个很适合中国农村发展的理念，在未来的发展中，特别是现在的农村，已是城市发展中不可分割的一部分，我们不能再把农村建设得村不村，城不城，保护旧村，保护历史，保住民间文化，保住农民的朴实无华和真诚勤劳就是未来新农村的最大希望。

新农村建设最大的障碍来自基层的干部，少数干部长期以来一是脱离群众，二是脱离实际、三是脱离市场，在理念和创新上，还不如在外打工的年青人，在吃苦和奉献方面不如留在村里的农民。高中和大学生几乎没有一个人回到村里，而农村唯一的知识群体就是干部。绿十字倡导“开启民智，双向扶贫”，对农民是财力的扶贫，对干部是观念的扶贫。提高干部素质，加深对新农村建设的理解才是新农村建设中最重要的工作，也是最佳选择。

“五山模式”中，新农村建设用的是最简单的词语和道理，是农民能听懂的语言，“让垃圾不出村，让污水不入河”。“一有五不有”：“一张农民能看懂的图，不靠路，不填塘，不劈山，不占田，不砍树。”我们把生态和可持续发展说成“河里有鱼，树上有鸟，地上有虫”。我们是为农民做事，要让农民听懂，他们理解了，接受了，才知道怎么做。比如城市人说的“有机垃圾和无机垃圾”，有多少人能分清有机、无机？专家和学者也不一定分得清。

我们仅仅完成了堰河和田河两个试点村的工作，今年开始向全镇推广和复制，目前还有很多工作没有完成，而目前还面对着很大的困难，如垃圾分类进一步的推广，“一建三清四改”的普及，新农村建设中干部观念的转变和培训、一镇一品的整体规划和实施、农民技能培训、教农民怎样理财、建节约型生态化的房屋……

所以，绿十字在工作中总结了八个字 ：“知情、明理、参与、得利”，这个方法对大家特别是在农村工作的朋友也许有点帮助。

环境与文化建设在良性发展中展开

“五山模式”的运行方式简单，目的明确。它从农民的基本生活入手，从与生活息息相关的最为简单的垃圾处理入手，逐渐改变环境质量，由此带动一个良性循环的开始。当农民有了最简单的垃圾分类的习惯后，环境得到改善，当地农作物价值提升，并带动旅游业的发展。农民的收入增加、生活水平得到提高后，新的生活习惯和环境观念已根深蒂固，注入百姓的衣食住行之中。一个试点地区建设成果将影响到附近周边地区的乡村建设，为其他地区的乡村建设提供了一个良性发展的范例。“五山模式”试图在中国农村建立一种以生态哲学为指导思想的新型生态观，这是一种与传统“征服自然、改造自然”相对的倡导“人与自然和谐”的自然观，既不是“反自然”，也不是“自然主义”，它是对传统自然观的革命，是对自然研究与人的研究并重，以整体性把握内在统一的新的方法论 ；它让人们意识到人对自然的开发会使人类的生存空间越来越小。

1. 树立新的生态伦理观，强化环保道德责任感

从农民的具体生活入手，进行公众生态教育，提倡公众参与，帮助农民获得环境保护的知识，树立起新的生态伦理观、环保意识以及保护生态环境的道德责任感。让农民们在关心自身生活的同时，教他们剪指甲，晒被子，勤洗手，喝豆浆等生活中的小事，关怀周边的环境，这是生态农村建设的重要内在动力。

“一建四改”、“垃圾分类”、“生态茶庄”和“棋盘式中水回用系统”都可以说是生态环保技术与生态美学的结合，都具有美观、实用、环保的特点。其设计既符合人们的生态审美观，又符合农民的日常生活需求，可谓是深入人心。因此得到了广大农民的认可与拥护，并被迅速推广。

“五山茶坛”则是一种生态信仰的标志。在以茶叶为支柱产业的五山地区，建立这样一种“图腾式”的建筑并非迷信。我对茶农说：“一个信仰构筑的过程，需要从农民的生活和口语文化入手，只有民间在口语和生活中建立的传说，这个信仰才有生命。而信仰是什么呢？是生活和生命的结合，也是生存和希望的互换。一切与生活和生命无缘的是不可延续的文化，一切没有成为生存希望的文化，就不可能造就信仰，信仰伴随着生命，生命造化了希望，希望带来信仰！”圣洁的茶坛和茶坛中百姓的祈祷，散发出来的五山文明，渗透着最纯朴的五山茶农的精神！

五山茶坛把环境与生活、
茶业与生活和谐紧紧联系起来

五山堰河村最初实施垃圾分类的垃圾桶：只要能分类不管什么桶

五山堰河村保洁员在进行资源分类

在堰河村小孩子也会垃圾分类

2. 生态环境与文化建设关系（相互作用、影响）

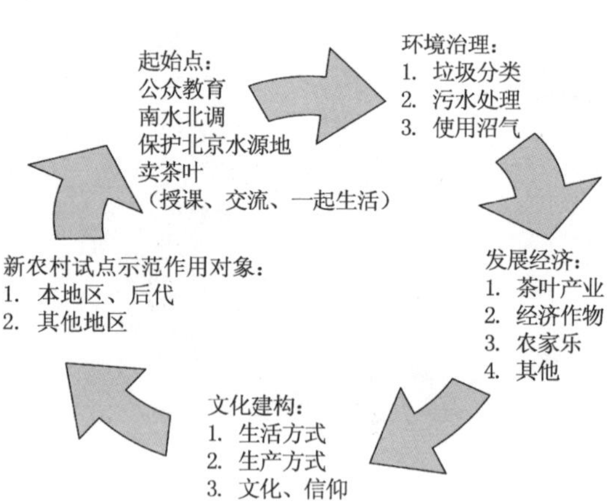

五山模式运作程序图

从文化生态学上探讨生态环境与文化关系分三个步骤：

（1）分析生产技术—环境的相互关系；

（2）分析一项特殊技术开发一定地区所涉及的行为模式；

（3）分析以上的行为模式影响其他文化至何种程度。但是“文化生态学所追求的是存在于不同的区域之间的特殊文化特质与模式的解释，而非可应用于所有文化—环境之状况的通则。”因此我们在分析“五山模式”对当地生态环境的影响与当地的生态文化关系时应对此步骤稍作改变。

3. 项目与环境的相互关系

五山镇原本的生产生活—环境关系已经趋于紧张，这时“五山模式”项目以介入者的身份对当地的自然、人文环境施加了影响。为了改变原来的“生态适应”不良的现象，项目设计者有针对性地开展改良建设。如华中科技大学城镇建设与人居环境研究所王晓鸣等教授把“新农村抗震节能建设示范工程——湖北省建设科技（建筑节能）示范工程项目和‘十一五’国家重大科技成就项目——湖北堰河生态村建设综合示范”引进“五山模式”，让项目有更可持续的发展深度，并取得良好效果，美化了当地环境，促进了良性生态循环。这种结果正是项目内容与当地农民生产、生活方式以及当地环境特点相适应的结果。因地制宜、对症下药是“五山模式”项目实施取得成效的根本原因。

4. 分析项目对老百姓行为的影响

“五山模式”的口号是“先生活，后生产”，按照“安居乐业”的顺序，逐步地把文明注入衣食住行。以“财力有限，民力无限”为指导思想，提倡“公众参与”，让百姓自己动手建设自己的家园。这无疑强化了百姓的主人翁意识，提高了农民们的参与性，增强了村民们的责任感和村庄的凝聚力，变被动劳动为主动劳动。并且在日常生活中自觉采用环保措施，同时对下一代进行潜移默化的环保教育。当地有一位妇女批评孩子的话语非常有名，广为流传："你这孩子，怎么像城里人一样，垃圾乱扔？"

5. 环保行为对当地人文化观念的影响

唯物主义观点认为：客位行为决定主位思想上层建筑。在客位行为领域中，构成人类行为流的运动可以产生一定的环境效果。这与主位思想领域里，存在于头脑中和人们感受到的所有思想和感觉是有互动影响的。

当地人的思想观念逐渐由过去人与环境的对立观转变为一种理性的人与环境互利的思维模式。用当地人的话语来说就是他们意识到了："原来我们在生活水平提高的同时还可以让我们的村子变得更漂亮。"这种新的文化观念的思想基础就是：自然为人立法，人为自然护法。人作为世界最具灵性者必须自觉努力去维护、完善和弘扬生存互动和人与环境相互依存的法则。

6. 改变后的文化观念对环境的反作用

马克思主义认为人的意识具有能动作用，人类能够有意识有目的地改造自然。"人类的行动是受生态学规律支配的"，因此这个改造的过程也是人类使自己创造的文化适应其生存环境的过程。所谓文化生态的适应，既是人们在个别环境中修正其具有历史渊源的文化的适应过程，也是文化变迁中最有创造性的过程之一。变迁的结果是生态文化的出现，反映了一种新的人类生存方式。这种生存方式是对环境的呵护。人们从眼前的生态危机中觉醒，开始了对环境的保护与修复，这在某种程度上对自然环境而言是一种再生。马克思在《1844 年经济哲学手感》中指出："社会是人同自然界完成了本质的统一，是自然界的真正复活。"

通过以上几个方面的探讨，我们可以看到生态环境与当地文化的相互作用关系，他们相互影响，互相促进。这种互动的关系在"五山模式"项目的实施过程中通过行为人（项目设计者、当地领导、当地农民）的行为得以充分体现。“五山模式”项目改善了当地的生态环境，建构了当地新型的生态文化观念，并在这种观念的指导下促进了当地经济的发展和农民生活水平的提高。这种生态文化观念实际上是一种生态化综合的思维方法和思想方法，是指感受、体验、认知世界和事物，思考、探询思想和自我时，应在获得整体化视阈基础上具备生态地“看”的方式。所谓“生态地”即是以“自然地”、“行为地”、“历史地”看待世界和人。我们通常把“文化”定义为人对环境的社会生态适应。而“文明”的形成则是一切能够适应当地环境的文化发展进化的过程。历史上许多文明的消失都与人类的生态适应不良有关。如果我们要试图摆脱由于生态危机而出现的人类发展阴影，就要以新的生态观念为指导，建构适应社会与环境可持续发展的新型生态文化。因此我们应该反思自己现存的文化，用生态文化创建新的生态文明，构建和谐的生态社会。

预期效果在多种因素综合作用下形成

1. 项目本身设计的合理性

在对五山镇进行了详细的调查之后，我们根据以往建设经验并结合当地具体情况拟定了“五山模式”的初步项目计划。到目前为止，整个项目进程严格按照当初的规划有步骤地进行，每一个环节都达到了预期目的，有些项目甚至超过预期效果。由此可见，正确合理的规划是生态农村建设的重中之重。

2. 当地领导人观念的更新和行动上的配合

NGO 组织带头开展的建设项目如果没有政府的财力、物力和人力的支持是不可能顺利完成的。五山镇政府官员与我们观念上的不谋而合促使了“五山模式”的顺利实施。之所以把生态新农村建设的试点放在五山也正是这个原因。由于这种新的农村建设模式前所未有，许多其他地区的干部观念保守落后，因此未能与绿十字合作成功。基层干部观念上的“贫穷”已逐渐成为目前我国新农村建设发展的主要障碍。

3. 当地农民群众的配合

“财力有限，民力无限。”人民群众永远都是历史的创造者，也是我国新农村建设的主力军。由于前期的公众教育工作较为成功，农民们对于自己家乡的改建活动参与积极性很高。除去外出打工的青壮劳动力，留在村里的妇女、老人等凡是有劳动能力的村民都参与到了力所能及的劳动中去。他们对项目的到来普遍持欢迎态度，在看到家乡环境改善后，更激发了他们的参与热情和学习兴趣。对于家乡的未来他们充满憧憬和期待，并且信心十足。

4. 实际效果的推动作用

当项目建设的第一步——垃圾分类初见成效时，所有参与者都信心倍增。之后的“一建四改”、生态茶庄的建设、茶坛的建造、中水回用系统的设计所带来的变化进一步触发了当地人更多的建设灵感。一个新型的社会主义生态新农村建设的成功范例逐步成型。

生态建设不仅需要一般的建设方法，还需要集合当地人的集体智慧来解决当地的具体问题，这是一个长期的过程。一个成功的生态建设需要培养一种责任感，让人们主动地做出明显而且是理性的改变。因为我们无法估计自己行为的全部可能性后果，有些行为甚至有可能是有害的。所以我们要尽量避免那些没有更好解决方法的问题出现。在今后的发展中应该避免过度建设和过度开发。为村庄增添过多的人工痕迹或是过多接收游客等做法都是不可取的，那样做无疑会让“五山模式”出现负面效果，从而与建设初衷相悖，甚至导致整个项目模式的失败。

2010 年 10 月定稿

五山镇堰河村内部关系剖析

每一次五山镇党委书记上任的时候，我与镇书记考虑的问题可能是一样的，都是五山镇发展的目标和思路。目标需要热情，也是一种动力，目标落地最大的问题就是资金从哪里来？没有钱怎么做？五山镇的政府项目是有前瞻性的，多数都没有政策配套。没有政策支持的事在农村就有风险，还要考虑到五山模式与市县各科局相适应，没有人理解，没有人去执行，所有的规划都等于零。

2010 年春节我就知道唐萍书记会来五山，就一直在思考五山模式怎样与新的领导班子对接，怎么与堰河村连接。绿十字做项目是没有资金投入的，只投入思想理念。还好，大家都很认可我们的理念并觉得很有价值。当地政府和农民说，只要按绿十字说的去做就对了。

这次来五山主要有四件事：一是就五山模式与镇政府商议约 24 个话题，其中最重要的是有机农业方面王立平先生与玉皇剑公司张于学的合作，推进五山 10 万亩有机茶项目。二是准备接待国家民政部减灾防灾小组和小鱼洞政府来五山参观的人，同时也跟他们进行培训和交流。三是堰河村建两户高级农庄或者宾馆，主要是接待专家和市县领导用的。要再次考察地形，还要与唐萍和堰河村的闵书记沟通。我给这个建筑起名为“举人书院”。四是落实北京善聚环保科技股份有限公司捐助的 10 个低碳太阳能垃圾桶的摆放位置。

晚上没什么事，我住在方工家，一个人坐思五山模式在未来的规划中如何落地。

五山的项目已经做了七八年，有较好的连续性，还有与其他项目对比的试验。五山模式的成功是因为有三个好的镇党委书记，都朝着一个目标在努力；还有一个好的村书记，这种模式中村书记的价值是极为重要的，这也是村民自治中的村民核心。

农民是一个群体，乡村是一个松散的组织，更是一个交错着亲戚和熟人的社会结构。

五山堰河村就是一个大家族，闵书记的父亲就是村里的第一任村书记，现在闵书记继承了父亲的权力，这个继承是大多数村民的愿望，这种现象在农村也比较普遍。邻村田河村杨书记也是这种情况，已做了近 40 年的书记。乡村的血缘、亲戚、辈分的关系，一般会经过三到四代，在一个村，60% ~ 70% 的人都有亲戚关系，形成了一定的血缘与辈分关系。在这个关系中，谁当领导大家心里还是有数的，因为他们之间太熟了，被选出来的人也会是亲戚中的佼佼者。

我在很多村也遇到过不是本村人任村书记的，也有被政府派到另一个村当书记的，这种情况 90% 做不好。如同家庭中第二次的婚姻一样，问题太多，后妈是不好当的。

堰河村就是在这样的背景下进行新农村建设。

我有时想，如果绿十字不参与堰河村的建设会是怎么样呢？

如果五山模式用百分比来配比，那政府、村干部与绿十字的比重各是多少？

我想应该是政府占 30%，村干部占 60%，绿十字占 10%。绿十字只占 10%，是因为绿十字没有权，没有钱，没有政策，带进的是思想、是技术。这些思想是发展的思路，政府才是推动项目的重要力量，农民对政府还是认可的。村民大事找政府，小事就找村干部。村干部原则上的事一定会向政府汇报，小事就不一定了。这就是目前村与政府、村民与政府之间的关系。

堰河村的这种特殊关系从 2003 年到今天一直很稳定。我也常听到不少人对村书记闵洪彦有意见，可是 2008 年全村民主选举时，他还是全票通过。当时我很不理解，那些反对闵洪彦的人怎么到了关键时候又不反对了呢？

于是我开始研究乡村人与人、村民与村干部之间的关系。这个群体是组织还是家庭，是自治还是民主？几年后，我渐渐理解了这种乡村社会与管理结构，其实还是一种近似家族式的“血缘社会”。

堰河村发展快，应该说村书记起了很好的作用。为什么堰河村这几年就比与这个村相似的田河村发展得快？

假如这个村没有闵洪彦会怎么样？ 2003 年以前，闵洪彦在镇政府茶叶公司工作，这期间堰河村发展得很慢。后来村民希望闵洪彦能回来做书记，闵洪彦就回来了，村民选了他。农村人有农村人的尊严，面子、口碑、道德远远比钱重要，在挣钱与回村担任领导人之间选择，他们一定会选当村领导人，其中重要的原因就是乡村的熟人社会关系。

为什么 2003 年绿十字选的点是邻村田河，后来又改到堰河村了呢？就是我们感觉到堰河村比田河村落后，闵洪彦不甘堰河村落在田河村的后面，面子与荣誉比生命重要。这就是我们选堰河村的重要原因之一。

假如绿十字没有来，今天的堰河又会是怎样？ 这些问题我经常问自己，朋友们也经常在问。

绿十字如果不参与，堰河村依然会发展，会向前走，只是走的路与速度会不同。至于闵洪彦会朝哪个方向发展，我想会与周围村庄的新农村发展思路有所区别。十几年前，政府要求村庄在马路边上建房，堰河村就没这样做。现在看来闵洪彦的做法是对的。从 1978 年中国全面进行土地家庭承包制之后，村庄的集体土地已基本卖完。堰河村与田河村都保留了茶场、茶园、树林等。从这些来看，闵洪彦在服从组织原则的同时，还是保留了自己的观念和作法。我与闵洪彦交流时，我感觉他把这村当家了。这个村发展到今天，从他父亲到他，已不是一个简单的政府概念，而是一个大家庭中家长式的人物。这是我对闵洪彦的印象。不过有一种情况会影响闵洪彦，就是政府来头太大，项目又带着资金。在这种情况下，闵洪彦就会做出很大的让步，没有钱他是不会让步的。

村书记不会做的事

2006 年全国新农村建设中，当时如果选新农村建设试点，五山政府不再会选田河村。此时堰河村已遥遥领先于田河村。这个领先应该要从 2003 年到 2005 年上半年说起。

2003 年绿十字在堰河村与田河村做了四个倡议，得到了镇党委书记余宝军的支持。这个支持包含着政府资金（水泥）、部分项目资金的支持。这些倡议的落实结果让田河村以及包括襄阳地区的其他村庄一下落后了很多。而这四个倡议闵洪彦书记自己肯定不会去做。四个倡议如下：

一是村庄全面推行垃圾分类，工作由村民与学生参与。这个想法当时从政府到各村干部都强烈地反对，认为这是形式主义。其实平时政府做的很多工作也都有形式主义，他们认为垃圾分类，北京和上海这样的大城市都做不了。最终这个工作能坚持下来，是镇党委书记余宝军的决心。记得他常说的一句话：只要把垃圾弄干净了，农村就一定很美。什么错不错啊，让农村干净，让乡村卫生会有很大的政治问题吗？后来这个活动又得到县委书记周霁的支持，并在县区域中推行。因为有上级的支持，堰河村做得更加彻底。田河村就在一片异议声中落后了。

二是五山茶坛，这是与宗教、信仰有关的极敏感的想法。但我觉得这对当时农民不认可政府，又没有自治，更没有法律意识的农村来说显得尤为重要。因为宗教的敏感，我与镇政府就说是做“绿色经济、茶的文明”，于是就有了这个茶坛。

一个村的自治和道德有明显的界线，这种界线是看不见的。这种看不见的东西就是一种“能量”。这种“能量”就是乡村价值,也称是道德能量，在乡村是重要的价值观。家有家规、村有村规民约,其实就是大家说的道德。庙宇（武当山）是农民心中最高的道德信仰。在农村神与鬼的话题和实物很多，比如：八仙桌、灶台上的符、堂屋上的佛像、山背后的祖坟、红白喜事中的种种规定。这些都是乡约民规，也是一种道德形式。农村就是在这样的社会关系中保持着自我的社会法则。

正因为如此，五山茶坛在这个项目中是很重要的工作。用五山茶坛这个载体来感恩大自然赐予人类的产物——茶叶，用这种方式来凝聚五山人的精神。我们用“做一想二看三”来进行。做一就是做堰河，想二就是想着田河和下七坪的发展，看三就是观望何家湾、黄垭和谢湾村。只有产生了影响，项目才有价值，同时可以看出项目有没有复制和推广的可能。

绿十字主任孙君（左），堰河村书记闵洪彦（中），
时任五山镇党委书记余宝军（右）

三是银杏山庄、天艺茶庄的建设。建房是农民一生中的大事，也是他们最大的财富。农民常说“穷不穷看瓦房”。农村的房子普遍不好看，三十年建了三次房，这也是巨大的浪费。镇政府多次与绿十字商议，希望能帮农村解决房子问题。于是我们就决定改建银杏山庄，新建天艺茶庄。建房时同样要做大量的思想工作，不仅是农民，更多的是县市领导的非议。好在有县委书记和镇书记的支持。特别是村书记更加用心，那些日子他每天最少要去现场三次，到工地看质量，与施工队吵架，天天在操心。终于，房子建好了，堰河有了农家乐，堰河真正开始起步了。

旧房改造的堰河村银杏山庄

四是出版《五山模式乡村日记》。这不属于政府的工作范围，也不在闵洪彦的思想范畴之中。书中记录了这个项目的全部过程，垃圾分类、五山茶坛、中水回用、天艺茶庄、银杏山庄等都是这本书的核心内容。

这四项工作中，垃圾分类是闵洪彦与余宝军想做的，五山茶坛是我与余宝军想做的，闵洪彦很不愿意做，还好那不是堰河村的地盘。建茶庄是闵洪彦与张于学（茶商）想做的，而《五山模式》这本书是绿十字和余宝军想做的。到了2006年全国新农村开始大建设的时候，大家才意识到这本书的重要性。

绿十字做的这四件事，闵洪彦是不会去做的，可是这四件事对堰河村来说就是对的。

村书记如何看待社会关系

我们的想法如果没有人落实，那么再好的想法也是空想，这一点我觉得是关键。

闵洪彦的能力就是有毅力，有很强的执行力，会把一件事做成。就是没有绿十字支持，也会把新农村做得货真价实，可是做的高度肯定有限，成为襄阳市的新农村建设的典型是没有问题。

闵洪彦有其自身的缺点，也是优点。他不太接受外来的指导，对外部的专家与学者总是不以为然，通过这七八年的接触可以看到他襄阳以外的朋友很少，合作者很少，与他打过交道的人一般不会与他有太深的交情。

一般来说，生活中朋友圈有多大，你的视角就有多远，你的见解也就有多深。堰河村如果没有政府与绿十字的帮助，未来的发展空间同样不会有多大。我感觉未来五山的发展中有一股力量，就是玉皇剑茶叶公司。如果闵洪彦不改变交朋友和合作的方式，五山旅游的主体一定会转移。

我经常对村干部说，知识和资源如同流水，哪里低它就流向哪里，知识与资源在城市是平向流动，有的是倒流，比如学生专业不对口，研究生做一般工人的事等就是知识倒流。而中国农村又是知识与资源奇缺的地方。所以，如何让知识与资源能流到我们乡村来，这就是我们要做的准备。

五山堰河这8年来了多少专家与学者，来了多少媒体与记者，这些都是知识与资源。可惜这些闵洪彦还是没有重视。闵洪彦心里对科技、对专家、对学者是不在乎的，也常常表现得不够谦虚。这一点就是他自己在阻止未来城市知识与资源流向堰河的漫水坝（小坝）。

从政府招商中就明显能看出来，会招商的先做朋友，先招有智慧的人；而不懂市场资源和资本流向的政府，就是招来商了，也留不住，过几年又走了。为什么呢？就是没有建造让知识与资本生存的环境。

对绿十字来说，更多的是镇政府和市县在发出邀请，是他们尊重知识，需要绿十字；相反，村里需求似乎并不大。闵洪彦极少与我联系，他在接受我的理念中，涵盖了对政府领导意思的接受，政府想做的事有时也是闵洪彦想做的事。绿十字在堰河村有这么多年的发展，就是在这样的状态下工作。

我们的想法第一时间被认可的不是闵洪彦而是政府，政府同意了，闵洪彦接受起来就容易了；如果政府与闵洪彦都同意了，那事情做起来就完全没有问题了；如果只是政府同意，闵洪彦不同意还是白搭；如果是闵洪彦同意了，政府不同意闵洪彦也不敢硬来，这其中的平衡是很复杂的。这就是 NGO 在乡村工作中要熟悉和掌握的“NGO 关系学”。

从这点来看，村民在这个过程中的作用不大。村民一般只信任村干部，他们在做很多事时，都要村干部点头，就像在家庭，事事要问父母。

所以说在乡村所谓民意，其实是村干部的意思，干部一定会考虑村民的意愿。干部考虑问题还是比农民高明得多，全听村民的那不可能。这个很像政府机关，什么事一把手说了算。只是村干部做事不会很自私，他们把面子和德性看得很重。在农村对钱和财物看的较轻。

农民一些事都必须等村干部来决定，错了也听。2005 年前，村干部与农民结下了不少怨恨。即使这样，农民还是很听话，很在乎村干部。别看平日他们骂村干部，真正村干部几个月不到他们家吃饭、串门，他们心里还会很不安呢。

当然村干部做事，还是比较公平的，不公平就做不成。当群众不信任村干部时，那问题就大了。村干部做事绝对比城市干部考虑的问题多，在农村做人要服众。村干部不做干部时就是农民，所以有的人争当村干部为的不是钱而是荣誉。

闵洪彦在工作中，做的事都在他权力范围内，村民也是认可的。闵洪彦卖茶叶、开农家乐等，虽然有一些利益直接相关者也反对，可是大多数人是认可的。闵洪彦不怕镇与县领导反对，就怕大多数村民反对。如果村民都反对的话，说明他的能力有问题，说明他不如他的父亲，这一点闵洪彦看得很重。

堰河村的民主选举

2010 年 10 月 28 日，十一届全国人大常委会第十七次会议表决通过了修改后的《村委会组织法》，这是 1988 年试行此法 22 年后修订的村民自治新法。民主自治，在中国乡村先走了一步。但是，从绿十字在农村工作这么多年观察的情况看，“民主”在中国乡村还有些水土不服。许多人也对此表示了隐忧。大多数农民不认可“民主”这个词，村干部在实际操作中也是不认可。只是迫于上级的检查，走走过场组织一下民主选举。

民主本身是好东西，是追求公平、公正。但实行民主是要有环境条件的。特别是在乡村，民主究竟会得到什么样的结果还真是很难说。这是因为中国乡村离城市太遥远，是血缘与熟人关系，农民又缺少法律意识，在缺少民主环境的乡村里，政府要推进民主，难度又何其大啊？

乡村民主选举中的投票，有时不是个人的意愿，而是个人对一种制度或程序或某些人的妥协。对于农民来说，乡村民主基本还是村民自治内涵，是家庭与村务中的事，不需要外来因素插入。很多乡村干部对民主选举不满的另一个原因，就是原有的自治推选没有太明显的竞争，没有特别明显的反对派，但随着村干部的权力和利益越来越大，民主选举中明显地出现竞争对手，这些竞争对手又变成日后工作中的反对派。乡村很多矛盾的产生是因为村干部之间的竞争把原来可以自我治愈的矛盾激化了。

村干部以前的负债、二轮延包的遗留问题、执行计划生育等国家政策时与农民产生的矛盾，原本只是一点问题，只是等时间自愈。但这些矛盾在民主选举中进一步激化了，成为引发乡村不稳定的重要原因。

这种问题一般会发生在村干部能力较弱的地方，堰河村与田河村就不会出现。相比而言，这两村的干部的道德水准与公信力还是极高的。

西方的民主选举建立在有良好的公民教育，全民的法律意识，完善的公民责任，良好的社会福利等社会环境之上。而这些背景，在我国贫穷与落后的乡村完全不具备。

我参加过堰河村的民主选举。政府要在选举前做大量的宣传和发动工作。堰河村的人心很齐，大家对村这几年的变化还是肯定的，所以大家都很积极。五山还有很多村是没法开会的，农民分了田之后只关心自己的那点事，民主自治好像与自己关系不大。

堰河村建设过程中，把民主选举与村集体经济结合，把环境保护与爱家爱村结合起来

在堰河村很有意思，有一些平日对闵洪彦有看法、有意见的群众和干部，在投票时还是投了闵洪彦的票，因为闵洪彦是全票通过的。这一点让我吃惊。通过这次选举，我开始真正思考乡村是怎样的社会结构？是怎样

家庭式的组织形式？我发现村民在选举时不仅仅考虑社会责任，还考虑亲戚与血缘关系。这一点又再次说明农民、市民和公民三者之间的区别。农民是靠家庭、家族的关系来实现自律的，市民是以个人遵从法律来求得生存环境的公平和稳定的，而公民则以道德加法律共同构建一种较为理想的社会。

我开始理解闵洪彦的很多做法，农村就是一个家，家长好与不好，孩子都认为父母是天下最伟大的。所以闵洪彦经常发火，也经常骂人，急了还打架。这种事在乡村，村民都能理解。

“人”这个字是两笔组成，相互是支撑的。而目前城市社会中的人已不是“人”字的本意，而乡村还有保留。从这一点来看，乡村还留存着中国传统文明的种子。今天的人们一致认为城市比乡村好，那是眼光太短浅了。

所以城市人与人的关系是互不信任的，城市就是遵照法律与民主的原则生活。农村相反，一定要公正要合情，可是不一定合法。

因为这种特殊的社会关系，闵洪彦在堰河有着绝对的话语权（一般村干部都拥有的）。

贫穷村干部的时代已经过去

绿十字的介入其实还有两个作用：一是增加闵书记在村民心中的分量，介绍他与中央电视台、新华社等媒体，还有北京大学、清华大学、省市的专家打交道。二是现在村里天天都有大领导来参观，给村民也带来了不少自信。这对农民来说是了不起的事，村民会对闵书记的能力更加称赞。

也因为如此，闵书记在说话和看问题等方面不再是2003年前的闵书记，他更加自信了，很多人在说闵书记变了，眼里没有领导了，把钱看重了。我说闵书记变就对了，因为堰河村从一个后进和贫困村发展到全省数一数二的村，不变是不对的。就如同一个山里没有受过教育的孩子变成博士一样，能一样吗？不变是你不变，你不变说明你还是老眼光、老观点，没有跟上时代的发展，不能客观地看闵书记和堰河村。

至于说到村干部经济利益的问题，闵书记利用会议中心让自己的妻子做农家乐，我觉得无可非议，一是他还是走了形式，先由全村人承包。我觉得村干部还是要学会做生意，如果今天的村干部还是很穷，村民会看不起。另外，会议中心每年要向集体上缴3万～4万元承包费（这里包括茶水、接待、会议等），这些工作其实是非常麻烦的，他妻子其实变成了村干部的一部分，这里有公有私，是不易区分的。闵书记作为村的核心人物，家里上有老下有小，孩子上大学结婚同样要钱。如果一个村干部过得入不敷出，穷得叮当响，那也肯定不会赢得村民尊重。闵书记基本上处理好了经济与村民的关系。

一个人的心态（同情心、社会责任感）会影响一个村的心态，村干部的举止行为可以通过村民的生活体现。生活中家长的很多习惯都遗传给了孩子，闵书记的一些心态也在潜移默化地影响着村民。在五山，明显觉得堰河村跟下七坪村、黄垭村、邓坪村不一样，堰河村人老实、好讲话、人心齐。一个村的人心不齐，就会常常发生争吵。一个村如果凝聚力不够，群众心中就没有依靠。如果村里缺少能帮助他们的人和主持公道的人，村民就需要自己来争取。现在农村上访多、黑势力多，都说明这个问题，而堰河村就没有这样的问题，从2003年到现在，村里从来没有出现被盗和上访事件。

地方精英与核心人物的合作

在2008年以前，我怀疑“五山模式”在复制上有问题。一直到2010年4月28日，五山茶坛重建的时候，我忽然醒悟过来：“五山模式”在第二个三年中，镇领导是支持的，田河村书记都能积极参与，五山茶商更是努力推进，村民不用说，参与的热情更高。建坛三年之后，五山的茶经济和茶文化发生了巨大的变化，巨大的经济利益推动着茶市场的改革。在县委和县政府的支持下，五山第二任镇党委书记胡海洋已经开始五山模式的复制和推广。胡海洋想尽一切办法推行了玉皇剑公司的股份制改革，为了保证公司未来能有主动运作的权力，胡海洋把公司的股份确定为51%，政府退却到服务的角色。

我常常与胡海洋讨论如何推动“五山模式”，怎样由堰河村开始推向区域。胡海洋做的第一件事就是对玉皇剑茶叶公司进行改制，是在有机茶、生态环境、良好的社会环境基础下进行的。复制由茶叶开始，用茶叶经济启动五山模式的复制，五山80%的茶场加入了玉皇剑公司的股份。

玉皇剑把五山茶文化与新农村结合在一起，特别是玉皇剑的张于学总经理对五山茶坛文化情有独钟。张于学是本地人，属于地方精英。2004年修五山茶坛，是因为五山玉皇剑公司张总多次对我说，五山玉皇剑是湖北十大名茶，而现在市场都乱了，没有品牌，村自为战，人自为战，5～10元就能买一个“名牌”盒子，什么茶叶都可以装进去。五山距武当山只有30公里，在这个道家圣地恰恰大家最没有“道”。要想解决这个问题，钱与法是没有用的，农民的教育又不是马上能解决的，唯一的方法只能在信仰方面下文章。中国人历来不反对宗教，天王老子的话可以不听，佛与天

五山镇鄂西北茶王茶艺大赛，一年一度的在五山茶坛召开

主的话却不敢违背。于是一个偶然的机会，我与政府一起建了五山茶坛。茶坛取五山之土、五山之水、五山之气，取道家之风，让五山人头顶三寸有神灵。茶坛的设立不能说是迷信，这是让百姓对自然有所敬畏，对中华茶文化有所信仰并参与这个传承的过程。这就是“五山模式”的精神法则。2010年重修五山茶坛时，张于学就开始筹备五山玉皇殿、玉皇池、玉皇印的产品改进，把茶叶市场的发展融入当地的新农村建设。

建五山茶坛，要取五座山顶峰之土各九斤，用五河之水各九斤，采当年之头茶上中下品各九斤，各村、场、农户采茶九两、九钱、九分，整个过程要在中午十二点准时开始，要拍摄记录，有时间、人物、装备、运输，要让大家都知道，要重视这个过程。只有过程才能进入老百姓的生活，仪式只是形式。

选村里年龄和威望最高的老人，主持这个过程。开坛仪式定在上午九时。一个信仰构筑的过程，需要从农民的生活和口语文化入手，只有民间在口语和生活中建立的传说，这个信仰才有生命。而信仰是什么呢？是生活和生命的结合，也是生存和希望的互换。一切与生活和生命无缘的是不可延续的，一切没有成为生存希望的文化，就不可能造就信仰。信仰伴随着生命，生命造化了希望，希望带来信仰！

用发展经济来推动复制，用五山茶坛渗透市场，用复制来执行和推动五山模式的制度化、体制化，这个工作是乡村精英与核心人物之间的一次共同的努力。这两种人的合作在乡村一般不多，二者之间小事不合作，大事一定会合作，就是乡村特殊的社会文化。

乡村精英与核心人物的不同

乡村工作中，我们一直比较注意精英与核心人物的区别。精英是指一个村中有本事、能力强、有特长的人，这些人是在茶等方面有一定技能者，包括老师、农活和养殖高手、有手艺的人等。精英有一个共同的特点就是善言，或有一定的文化，还有的是祖传的。

收藏家李念（地方精英）在堰河村落户的奇石馆

核心人物不一定有特殊的技能，也不一定要有文化（当然有文化与技能最好），关键是人品，如同中国字中老板的“板”字，繁体字“闆”意思就是有品德与道德之人才能撑起一扇门。这扇门就是一个村，一个团体。品是指一个人日常行为，相对这个人的家庭历史背景更重要，这一点在乡村社会中影响极深。品德与道德好，要有连续性。

田河村杨书记、堰河村的闵书记等因为父辈都是老革命、老书记，在这样的家庭中成长起来的孩子有红色遗传和明显的自信。核心人物就是具有责任心、热情、公正等特征。

精英是局部人群，他们聪明。核心是全局的，人品是根本。不过二者之间共同性格是喜欢做事，做留名和有好口碑的事。

绿十字帮助堰河村和田河村建了不少农民喜欢的房子，农民对建房情有独钟。2005 年本地茶商张于学建了“天艺茶庄”，一下吸引了很多游客。2008 年堰河村建了“堰河新村”，很快成为本地的亮点。不久，田河村也建了“茗茶园”，与五山茶坛构成旅游配套。2009 年西湾村开始筹建“学校与村委会”，工程和质量都是一流的。2010年堰河村又开始建设“百日山风景区”，目前建设的山门建筑让人看到会吃惊。

建房是农民一生中最大的事，因为房子是根。农村建房是一辈子的事。乡村不像城市，一生中要搬很多次家，所以城市人没有根的概念，对家的概念也是较淡。农民对家看得与生命一样重要。

在乡村不论干部还是精英，为什么总在建房上下工夫，是有一定道理的。在乡村工作中，我听到最多的就是说农民的房子不好看，专家说乱建，政府说难看（农民没有太多的说法）。建房已是时代梦想，所以我们给农民设计房子得到了全社会的支持。堰河村的房子有平房、楼房，堰河新村13栋房造型都不一样，造价从7万到25万不等，建筑主体材料用免烧砖（也称环保砖）和水泥,部分用一点点红砖（防水、装饰之用),还有河里的石头。这批房子的建设者就是本地的农民。这个建设过程让农民知道了什么样的房子美，什么样的材料美，农民可以用双手建设出比城市还要美的房子。

这批建筑对堰河村的新农村建设起了重要的作用，建房子不仅是绿十字想做的，而是全村的需要。现在这批建筑在整个襄阳都家喻户晓。消灭乡村的欧式房子，改造劣质的欧式新房，变成了现在村干部的重任，也成了绿十字的工作目标和任务。我们的工作是朝村干部和精英的理想上发展，只是我们会把他们感性的思维引入理性，会与他们一起研究乡村的未来。

乡村工作要依靠这两股力量，要全力以赴地保持这两股力量的平衡和抗衡，谁做好了这方面的工作谁就会赢得农民的认可。

2010年6月3日于深圳

2010–2013年的五山发展定位

2010年5月18日中午赶到五山，正好遇到县委书记李传寨。李书记上午到堰河村百日山考察，那里修了一个真武大帝的庙。从五山有茶坛之后，五山这片土地上对道教文化的概念就增强了。我看到李书记时，他看起来灰头土脸的，看来去百日山的路不太好走啊，五山镇新来的书记唐萍与诸镇长也同行。

五山已进入了一个重要的发展期，李传寨书记和我一直见证着五山模式的发展过程。

这次来之前与李书记有约，是为五山茶叶主体公园的发展做一次深层次的交流。我心里知道，这次交流很重要，五山又一次面临着挑战与机遇。

其实我比较怕这样的发展，政府有政府的思路，政府讲政治，市场是讲经济的。关键是怕地方政府和技术人员对中央政策领会不深啊。

堰河村近期已经有一点脱离乡村味道，开始走向城市的园林，步入公园的味道。这个时候也正是堰河村历史上发展的顶峰，来的专家多了，关心的领导也多了，领导的话还是不能不听啊。

绿十字来这个村有八年了，了解这个村就像了解自己的孩子。这个村怎么走？下一步的目标和方向应该还是清楚的，只是村干部需要一段时间冷静，或者走过一段弯路之后，他们可能才会感觉我们说的话有道理。

今天的城市开始抛弃园林式美化，城市把原有的河堤拆除，把林中的水泥路换成土路和石子路，把原来城市中的破旧乡村和老房子又高价修复，包括一段古城墙，一处老房子。很多修宽的街道又把它改窄，政府开始理解“通而不畅”是街的原理。

受到好评的堰河村“人民大会堂”

干部们在堰河村“人民大会堂”开会

城市开始移栽本地的树种，名贵树种越来越少。以北京奥运会为先例，园林的生态化，树木的本土化是一个城市生态系统的关键所在。以前修得笔直的河道又恢复原来的弯曲，河流的弯道是减少洪峰的重要手段，水也只有保持流动才能清澈干净。

当农民匆匆忙忙地奔向城市高楼的时候，都市人又开始转向农村小土房……

这些年绿十字在五山就是想告诉大家，今天的农村已经很好，不要跟着城市发展走，因为那不是一回事。要走自己的路，要认清乡村（堰河）的价值。城市有生存压力，城市吃不到放心的食品，城市人不知道邻居是好人还是坏人，城市人一个月不上班就心里发慌，城市人每天都在“吸毒”（空气不好）……

五山的环境是今天城市人羡慕的，五山走到今天基本没有走弯路。八年之后，五山又面临着新的选择。如何在五山新的乡村旅游构想之前就能讨论出一条不折腾的发展之路，希望五山不要走弯路。

下午与五山镇新的领导班子成员在培训中心茶艺室，针对“五山镇乡村旅游规划构想”的文件进行了讨论。

政府在谈对乡村旅游规划的要求时提到：“要具有大思路、大纵深、大主题、大突破、大容量、大手笔，重点规划区域20平方公里，主要是堰河、田河、下七坪、何湾村景区的整体开发。目标是3～5年把五山打造成国家级AAAA级景区，全国农业旅游示范点，年接待游客40万，年收入达3个亿，使全镇农民从旅游产业中获利1000万元。”

政府提出要建100家农家乐，建3000平方米的茶文化市场，现实版的QQ农庄，占地40亩。

新来的书记和镇长是70后、80后，他们有思想要创新，他们想继续推动五山模式，我也为这届政府的决定表示欣慰，因为“做”是第一重要的。

我已非常清楚堰河村干部的工作思路，也知道政府的工作路径，更懂得他们做事从上到下一条线的工作惯性。大手笔、大视角、大发展，是从省市区传达下来的，别的乡镇都这么提，五山也不能不提，这就是政府的工作惯性。但是这种惯性来得猛，走得也快。

遇到这种情况，我会在文件中寻找可行的内容，把不可行的去掉，与大家商议上面的文件和精神中最有价值的内容。不是说他们说得不对，因为我们各自站的角度与环境不同，我如果在政府也会这么写、这么想。

我只谈我的看法，谈我对未来五山发展的可能性。至于对与不对，应该由年轻的书记、镇长去评判。只有他们心里认可、接受了，这样的交流才有价值。我那忐忑不安的心才放得下。

我提出要认清三个区别：

一是田园与园林的区别，二是农家乐与旅游的差别，三是试点与全镇的关系。

1. 田园与园林

中国原本有不少好的田园景区，特别是一些小的街道和集镇。但是近年来，政府的大投入反而把田园式的自然景观变成了园林式的城市景观。这种景观主要是少了本地的文化和自然生态的属性，所以全国走到哪里，感觉都是一样，许多小镇失去了原来的特色，投入越大失去越多。堰河村今天就面临选择，我希望选择田园道路，反映山区特色。

现在的五山堰河村已成为城市人的休闲天堂

2. 农家乐与旅游

新的规划中提到 AAAA 级旅游景区，同样也是一个特别微妙的关系。从农民过渡到市民，需要近 100 年的时间。从农家乐到旅游，这不是说一说读一下文件就解决问题的事。农家乐是非市场行为，这种关系适合农村发展的初级阶段。他们没有资金，没有经过专业培训，农民以家庭为中心，随便做一些客饭，顾客对吃和住好一点差一点没有太多的要求。而旅游则不同，尤其是 AAAA 旅游景区，完全是市场化，要规范化。这就不光是客随主便，相反是主随客便，关系正好相反。五山在制订规划时要考虑这样的关系，考虑社会后果。五山目前最好的农家乐在堰河新村，严格地说，这些还不是农家乐，“农”、“家”这两个元素基本具备，但住宿的管理和标准化几乎是没有的，他们也不懂。做的饭菜第一次吃点头，第二次沉默，第三次摇头，因为目前来的80%以上是本地客源，乡里乡亲的无所谓。正常状态下，由第一产业转向第三产业，尤其在农村没有10来年时间过渡是不可能的，还需要回乡的大学生和高中生这些人才。但目前3～5年内，五山这个地方要吸引这样的人才还是有困难，这是考验五山农民对发展第三产业的理解力和承受能力。

3. 试点到全镇（面）的关系

五山目前能算是规范性农家乐的不足五家，有接待能力的村目前只有堰河村。五山要发展100家，那可是大动作。我建议全力发展堰河成为AAAA级景区的标准，这里还是有基础的，这就需要政府来支持推动，做好堰河，完善试点。五山做事不能求快，而是要求好，要做好有准备的新农村和农家乐，以点带面，逐步推动100家农家乐。不过目前堰河村的发展有点不够踏实，有点像猴子掰玉米，眼前的事没有做好，又开始做更大更远的事，这种现象政府应该要关心一下。这就是我的建议。

这次到五山，就是与五山镇的领导层研究未来五山茶叶主题公园的规划与建设方向。在茶叶主题公园的建设思路上，县委是明确的，五山镇新一代领导人的态度更是科学的。他们在冷静地看发展，在以科学的态度寻找定位。我一直在考虑，五山镇的发展连续有30年了，这个地方基本没有折腾，路走得很正，运气又很好。我对朋友说，这里道风茶乡，乡风纯正，未来一定会更美好。

我与唐萍、褚春明商议，贯彻县委以“茶主题公园”定位的“田园五山”。工作从几个方面介入：

建立田河、堰河、七坪村三个项目区域产业与田园旅游是发展的灵魂；

加强与“中国远方网”的合作，利用网络宣传；

筹备“五山模式”理论体系出版，总结近七年新农村建设的经验；

健全并提升农家乐的服务管理水平；

完善堰河村的服务质量，力争具备AAAA级旅游景区的试点规模；

推动完善十万亩有机茶和本地原种养殖，原种蔬菜，这是国内食品业发展的亮点；

建立新农村建设（中部）培训基地（理论、试点、参与、培训一体），这一点很重要，条件也成熟；

五山镇要统一规划，干部要统一思想、统一理念。

目前希望与危机并存，而在希望与危机之间抉择的人，不再是别人，是唐萍与褚春明。

经过政府与专家讨论，“五山镇乡村旅游规划构想”（部分内容）出炉：

新农村建设中的乡村旅游规划整体要求如下。

思想：把农村建设得更像农村。

价值：构建乡村价值体系，重树城乡市场定位。

意义：让农民生活更方便，让农村社区更和谐。

原则：新村与旧村并存，城市文明与乡村文化共融，绿色与产业结合。

方法：知情、明理、参与、得利。

农民参与：没有农民参与和支持的新农村就不是新农村；没有农民参与的农家乐也不能称为农家乐。农民的参与就是生产力。

合作共赢：新农村建设是一个全社会支持与参与的项目，企业融资、农民出工、专家支持、政府服务和NGO部门参与，以合作和多赢的方式建立新的城乡市场关系。

老规划：规划要延续，全镇一盘棋，县、镇、村相结合，不回头，不折腾，求真务实。

新定位：常规农业转化为田园农业，新农村建设转化为乡村旅游，茶文化转化为道教文化，新农村试点转化为复制与推广模式，推进自治与民主互动的新社区文化。

创理论：试点的意义是推广，试点的目的是总结，试点的价值是提升。五山政府与北京绿十字用 8 年时间总结与完善可复制与推广的五山模式的理论体系。

这是“五山模式”第三次修订规划，这个规划延续了前六年的规划原则,这是“五山模式”顺利成长的过程,也是五山人的运气。开花为了结果，结果为了明年的播种，为了“五山模式”的复制与推广，为了树立一个中部新农村的典范，也是凸显中央新农村建设的 20 个字。20 个字如何落地生花，希望从“五山模式”的明天能看到。

2010 年 5 月于北京初稿

2010 年 10 月定稿

在动态中寻找机遇的“五山模式”

堰河村交通偏远，不是景区，经济落后，最初的“五山模式”中并没有农家乐和乡村旅游，这两个方面都是在发展中才想起来做的。2004 年，村民精英方洪军在政府的支持下，租一个房子办农家乐，似乎打开了五山日后的发展大门，也给五山模式的延续找到了新的希望。

从那以后，农家乐和乡村旅游这个内容就一直伴随着五山模式，风风雨雨地走了 6 年。

这里首先要说说方洪军。方洪军是堰河村的知识青年，之前一直在外打工，聪明过人，属于乡村精英，2009 年参加过村主任的民主选举落选（这也称海选）。

堰河村第一个农家乐开的时间不长就倒闭了。这件事给了我一个反思，当时有客源、有技术、管理成本低、地理位置又好（现在堰河新村凤凰村的位置），为什么倒了呢？

农家乐分三层意思：“农”是特指的乡村农耕环境，这里指的是在农村的房子，而不是城市的房子。农村的房子生产与生活连为一体，乡情与民风的淳朴是“农”重要的特征。“家”是指以农民住为主体，自己生活为主，又有多余的房子和时间接待客人，来人就加一双筷子，不来人自己过日子。这是一种低成本的运作经济，是在经营中不额外增加负担的模式。“乐”不是城市的 KTV、酒吧，园林，也不是健身房，而是优美的乡村环境，绿色的食品，人与人的真诚。这种乐是以生活为主体，是城市没有的田园之乐。

农家乐不是市场行为，又有市场行为，二者之间的关系比较模糊，我称为模糊经济，就像农民的工作与生活关系也很模糊。

显然方洪军的农家乐三个特点都不齐备，也就是“农”与“乐”，而没有“家”的感觉，而“家”是农家乐的主体。当然方洪军的农家乐没有开下去的另一个原因，就是没有资本。农村吃饭很少当时就结账，还有一个原因是“天艺山庄”是县城资本下乡，本地农家乐就显得全无招架之力。所以我们在建“天艺山庄”和“堰河新村”时，就注意到这个问题，这两个大型的农家乐都很成功。今天五山模式开始进入“五山镇乡村旅游规划构想”的时候，可能要考虑到风险回避，要分析市场，要吸取方洪军与银杏山庄的教训。

“五山模式”成功的重要因素是在运动的目标中寻找机遇，在动态中找项目方向。2009年新农村建设如火如荼，当时襄阳市委组织部要找重点村作为扶持对象。有两个试点供组织部挑选，一个是老河口，一个是谷城五山。这一步对未来两地新农村建设的项目推动很重要，五山镇胡海洋书记在争取这个项目时下了不少工夫。胡海洋明白组织部扶持堰河村项目的价值，作为领导人，小事要糊涂，大事要决断。

胡海洋在五山玉皇剑公司重组的问题上是果断的，站在一个较高的层面来解决五山模式的发展和动力，也是五山模式由政府新农村试点转向参与市场竞争的重要路径。

与胡海洋的交往过程中，能明显感到他的工作作风。他会广泛听取大家的意见，话不多，遇事冷静，决定了的事全力以赴。胡海洋在制订发展规划时，更多考虑的是项目落地的可行性。

胡海洋执政三年中，做了三件有价值的事：一是玉皇剑公司的市场化改组；二是小心又细心地建设以乡村旅游为主体的堰河新村，这是为全市新农村建设创建的一种新型农家乐模式；三是争取市委组织部扶持堰河村，来堰河村考察、调研，到老河口新农村参观，为今天的乡村旅游做了大量细致的准备工作。

从第一任镇书记余宝军接受北京绿十字的发展理念，从小事做起，先生活后生产，乡村工作由管理转型为服务，政府参与生态环境保护、地域道教文化恢复，党员干部的积极带头作用，村庄垃圾分类，茶叶加工设施完成到村村通水泥路。五山完成了重要的基础建设，关键是农民接受了绿十字的环保理念，这一点是决定性的。由余宝军到第二任书记胡海洋，五山步入了第三个创业时代。

这里特别要说明的是第一个创业时代是以陈炜波书记为代表的茶叶种植的开荒时代。

2009 年，第二任党委书记胡海洋可能要调整，第三任书记的就职直接与五山模式的未来前途息息相关。

第三任镇书记在我心中希望是懂旅游、做过老师、年轻、有丰富的市场驾驭能力。在这之前我在谷城县接触过三个人是做旅游的，李晏林（旅游局长）、徐敏（旅游副局长）、唐萍（薤山风景区副主任），希望其中之一能接任五山镇的党委书记。45 岁以上的领导我以为就不适合到五山，五山模式有前瞻性、时代性、市场性和示范性，一句话就是要具有创新精神，有闯劲、有魄力，能使项目踏实落地的领导来才行。

在这三个人中，我觉得唐萍更符合上述条件。2010 年春节前，得知唐萍来五山，我们第一个感觉就是谷城县委决策英明啊，这对五山镇发展是关键性的一步，2010 年我过了一个踏实的春节。

绿十字和唐萍已经有过交往，半年前她在薤山风景区时我们就准备合作，因为种种原因合作推移。她调到五山来，算是我们有缘。

经过 6 年的发展，堰河村开始向全镇延伸，从一个小农家乐发展到今天以乡村旅游经济为主体的新农村建设，茶叶与乡村旅游互动，最终成就了五山茶叶经济模式，这是玉皇剑公司与本土文化的完美结合。五山农民收入主要是体现在农民的经济收入，人均年收入从2004年的3600元到2009年的6250元，加上农民环境意识的转变，五山进入了一个良性循环的新农村建设阶段。从乡村旅游、五山茶叶再到生态环境，汇聚了绿十字和政府最初的想法——“五山模式”。

自2004年堰河村开始做垃圾分类使得五山镇的卫生状况大为改善，这是因为村与村之间，人与人之间能看到，能对比。堰河村试点对各村都有一些压力，加上镇领导大会小会宣传，使得整个五山镇的垃圾处理情况明显好于其他乡镇。

卫生状况良好使得旅游开发有了很好的基础。五山镇沿河的田河、堰河、下七坪、何家湾已经开始整体旅游开发。这个过程中，谷城县委把五山定位为茶叶主题公园。第三任唐书记接任，正合她的兴趣与专业。耕种、开花、结果，唐萍来的时候正是五山进入收获结果的季节。

五山在推动旅游时，我们强调田园与园林的区别，旅游与农家乐的区别，公共空间与个人空间的区别和要求。这些是城市与乡村的根本区别，这些工作又必须在规划时完成。

政府做事带有很大的工程与政治概念，并有极强的惯性思维，下级对上级的精神无论对与错几乎都是百分之百的执行。2003年到2006年，在全国农村建设中，有些地方要求所有旧房新房全部刷白，老房旧墙全部拆除，重点都是建设一模一样的欧式建筑。农民门前不准养鸡养猪，不准堆柴晾衣，搞乱了农村的乡风民俗，村民很不适应。新农村成了政府的政绩工程、面子工程，实际上是走了弯路。新农村本应是农民最欢迎的，目的是让农村生活更加方便。只要把村庄卫生弄干净，家里家外都卫生，厕所与厨房整洁就可以了。

这个过程中，五山没有走弯路，特别是堰河村。

正因为上述的弊病 ，但凡政府树立的新农村几乎很难有地方特色，没有特色就是没有新农村的生命力，文化和历史的判断不准确，没有持续性和市场性。就像襄阳市的七个新农村建设试点中，只有五山还有一些生命力，另一个有点特点的是宜城板桥店镇的“穆罕默德·王台”项目，其余五个新农村试点都慢慢地退出了人们的视线。

2010年，堰河村有一些不尽如人意的变化，比如河堤硬化。这段河除了美观，更加重要的是防洪需要。我们给他们画了河堤设计图，可是一个月后来看时，这里做得太硬了，伤害了堰河村的整体性，很像京城内河道的硬化，很多朋友说这是堰河的败笔。大家以为是我做的，我没有说话，也不能说是村书记闵洪彦做的。

堰河新村在设计时，在大街上本应有一些本地的杂树，与整齐有规律的房子形成对比，让堰河更加有乡村感。乡村感对旅游和农家乐来说就是市场与价值，可村干部希望种的都是桂花等名贵树种。堰河新村前的竹林很美，闵洪彦几年前就意识到了，只是大环境做好了，竹林中的小道没有处理好，小道本应是河里的石头或灰砖，那会非常漂亮，可惜现在修的是水泥小道。村中新架起了特别僵硬的水泥桥，这个桥修在一般的马路上也就罢了，可是修到堰河村就可惜了，没有一点文化。特别是桥面上的扶栏，像一面墙，洪水来了阻力会很大，堰河村的配套建设显得不太协调了。

我记得五山镇第一任书记余宝军和第三任书记唐萍都说过同一句话：“中国的教育，最要紧的就是美学教育。”我们这个社会渐渐地分不清美与丑、黑与白、恶与善，这与我们的生活和生存环境有关，也与我们的教育有关，目前中国最缺的是美学教育，环境与心灵的美丽才能筑成一个和谐的社会，而不仅仅是今天的经济发展。

我很理解闵书记的想法，只要有钱投到村里来就是好事。确实，堰河村从旅游角度来说，还是差得很多。拿长廊来说，如果我们不去设计，就会出现像城市里一样的长廊，于是我们努力调整，让它高低左右有一些变化，尽量有一点弯度。长廊的线条多一点，建筑材料本地化，未来再种一些树挡一下，会很有特色。现在建好了，看看还是有些问题。长廊在建的时候建筑队没有一段一段的建，而是一口气建了五百米，显得有点硬，不过总体来看还行。

生活中不少事也不能说我们就是对的，闵书记有闵书记的考虑，他只要在做就是对的。在我看来，闵书记在规划与设计上悟性很高，他对我们的设计和乡村的基本元素能把握住，不太会犯原则性的错误。河堤他自己已开始感觉有些不妥，他也想再种点草什么的盖一下，搬一两个大石头美容一下。

从方洪军的农家乐，到天艺山庄、银杏山庄，再到堰河新村和百日山风景区，这个过程五山镇政府没有停下来，堰河村也没有停下来，这就是发展，在动态和希望中探索，因为在这前面并没有一个可以学习的模式。发展就会有矛盾，做事就会有困惑，五山模式就是在这个动态中，扎扎实实地，一步一步地向前走。

2010 年 6 月 10 日于深圳汕头大学初稿

2010 年 10 月 18 日定稿

第四章

非政府组织(NGO)与新农村建设

巷道

■

■

NGO 的出路与公民社会的成长

写在前面的话：中国还处在公民社会转型期，公益远没有成为一种社会氛围，NGO群体全凭着理想和责任在做事。像北京地球村、自然之友、绿家园等影响较大的NGO，它们的领导人有着很好的社会背景，不靠这个职业谋生。但如果公益事业完全建立在这样的基础上，极其不可行，因为像这样的人太少，一般的工作人员如果要长期做，怎么生存？公益是国民义务，中国NGO的出路和公益事业的推进，需要公民社会的成长。

一

我做乡村工作至今已 11 年。在此之前，我在北京待了很长时间，经常参加各种论坛和会议。在这些场合，大家都在谈问题，但是渐渐地我觉得会议和论坛意义不大，因为对于基层来说，它们最迫切需要的是解决问题。那时中国的 NGO 刚刚起步，一次偶然的机会，北京地球村环境文化中心的人找到我，想让我帮他们画一些环保宣传画，从那以后我开始真正接触这个领域。1999 年,我走进北京延庆县碓臼石村,开始参与“地球村”项目。

1. 碓臼石村试点的失败与反思

11 年来我做乡村工作的经历可以分为三步：第一步，是从 1999 年到 2002 年做“地球村”项目，当时我是碓臼石村基地的负责人。这一步对我来说非常重要。今天我们再来看碓臼石村，我认为当时的项目就不成功。我作为项目负责人，那就是我做的不成功，今天，很多 NGO 实际上还在重复着这条路。说它不成功，就是说 NGO 在的时候，项目做得很成功，一切井然有序，但当 NGO 走了以后，乡村又回到了原点。我们在碓臼石村的那几年，该村的人均年收入从 1600 元增长到了 3000 ~ 5000 元，村里的垃圾分类、回收、资源化都做得很好，当时在国内影响也很大。而 2002 年我们离开以后，这种模式就不存在了。人们仍然在说它辉煌的那一段，却没人关注它很快又回到了起点。

对于这个反复，我感到很痛苦，因为当初的那几年中，那里的农民是跟着我们一步一步、非常艰辛地走过来的，最终却又回到了原来的状态。我反思了很久，总结了失败的几点原因：第一，我们做项目的过程中没有传授一套“可持续的”方法给村干部和农民；第二，对农民素质的培养做得不够，没有把他们的理念和习惯从根本上改变过来；第三，我们一直在按城里人的思路，本着“地球村”项目要完成的目标来做事，实际上我们是主体，农民是在围绕我们做事，为我们服务，所以当我们走了，主体也就不存在了。

2. “五山模式”的摸索与形成

因为碓臼石村试点留下遗憾，我就想，有没有可能再找个点试验？我的第二步，把点选在了湖北省襄阳市谷城县五山镇的堰河村。做五山项目时，我非常清晰地知道谁是主体了——村干部和村民才是主体。而在农村做事，其实只要把“家长”（村干部）的工作做通了，村民基本都听“家长”的。我打过一个比方：对于农民来说，村干部就是“亲妈”。如果我们去了以后把村干部晾在一边，让县和镇的干部来管他们，就等于是把他们的“亲妈”赶走了，给找了个“后妈”，那肯定不行。所以主体明确之后，我们就知道应该把自己放到什么位置——我们要做的，主要的是制定一种发展思路。在想办法让这种思路落地的过程中，我们应该辅助村干部来完成工作。所以，做五山项目时我们充分尊重村干部的意见，所有事情都是由村委会先提出想法，我们再建议他们对某些不合适的进行调整，这个经验非常重要。

另外，在做“地球村”项目的时候，由于我们来自城市，所以是按照城市的理念来推动。到五山之后，通过对那次不成功的原因的反思、剖析，我们得出一个结论:一定要“把农村建设得更像农村”。为此我们开始琢磨，什么叫“把农村建设得更像农村”？农村和城市最大的差距在什么地方？等等。边试验边总结,在堰河村一步一步往下做,就逐渐形成了“五山模式”。

堰河村吸引国内外的专家学者前来考察和做义工

刚到堰河村,村干部就跟我们讲:我们这个村多少年都是“望山山秃头，望水水断流，望人人发愁”，收入主要靠茶叶，但茶叶也不好卖，这些问题怎么解决？我说，你们要想把茶叶卖好，就一定要做一件跟茶叶没关系的事情——我们与村民讨论了很长时间，最后决定先搞好垃圾分类，先做“没有钱”的事，把村里的环境卫生弄干净。茶叶与环境、茶叶与文明是不能分割的。因为当时的堰河村到处污水横流，简直没地方下脚，有的人家垃圾堆在门口，人都快跨不出门了，树也被砍得一塌糊涂。村干部很怀疑，说：“卫生搞好了茶叶就能卖出去，这是什么道理？”我们让他把村里的人家排一排序，干净的排十户，贫穷的排十户，看看发现什么问题。结果一看，干净的人家经济情况都不错，而贫穷的人家一个最大的特点就是“脏”。我说，道理是一样的，你们村变干净了，就能跨入富裕的行列，第一年把垃圾问题解决了，第二年肯定就会有人来你们村庄吃、玩、买茶叶，因为别的村都脏，只有你们这里最干净，所以别人就愿意来。做垃圾分类还有一个好处，就是让大家都形成一个共识——咱们村跟别的村不一样，家家都在为同一件事情忙，这种感觉在无形中就会让村民形成一种凝聚力。他们觉得我讲得有点道理，说那就试试看吧，垃圾分类很快就做了起来。

当然，刚开始村民很不习惯，但六七年下来已经做得非常好，不分类反而不习惯了。每家门前两个桶，干垃圾、湿垃圾分别放在不同的桶里；可燃烧的垃圾如厕所用纸自己烧掉，因为这部分很少；干垃圾送到垃圾池里，按纸、布、塑料等分好，过一段时间就有人买走；湿垃圾还田，或者喂鸡、喂猪。这样村里就没有垃圾了。现在，堰河村刚会走路的小孩拿着垃圾就知道往哪个桶里放。选村干部的时候，村民们的第一要求就是必须坚持做垃圾分类才选他。村里的妇女经常对不卫生的人说：你怎么和城里人一样，垃圾到处乱丢？

由于树砍光了，山洪暴发把路、桥都冲毁了，所以修路修桥的事也必须提上议事日程。但那时正是“三农”问题最严重的时候，村里没钱。村支书问我，没钱怎么做？我说可以做。城市是一个用货币交往的社会，而农村是货币、人情、实物三种东西结合在一起交往的社会。正因为这样，在农村要完成一件事，它的成本运作三条线都走得通。农村还有一个特点，就是做什么都讲公平。没钱，那就集资，家家都出钱、出劳动力，这样不就公平了？中央有文件，规定农民出义务工一年不能超过十个，我就跟镇委书记讲：农民搞自家门前的卫生，不准他出工，中央又不给拨钱，根本没道理嘛！镇委书记觉得说得有理。于是由政府出水泥和黄沙，村民自己出钱、出义务工，开始整治村庄环境、修路修桥。2003 年到 2006 年，堰河村每户村民出了 260 多个义务工，算起来得多少钱！在那三年里，政府基本没拨钱，完全是靠村民自己把事情干成了。

村里一直没地方开会，所以村民想建一个大会堂。我跟他们说，一年不就开几次会嘛，为什么要花那么多钱建一个房子呢？于是村干部就在村里的一片树林中做了一个很有价值的行动，他们每家到河里摸一块石头来，往树林里摆成一排排，以后要开会就挑不下雨的时候来这里开，这里就叫“村人民大会堂”。会堂“建”好以后，中央领导和湖北省委书记来视察，也在这里开会。大家都知道堰河村有一个真正的“人民大会堂”，就是每一块石头代表一户人家，开会时大家就坐在石头上。

很多人问我，你在五山做的工作中最有价值的是什么？我自己认为是改良土壤和建筑梦想。因为土壤是农民安身立命的根本，土地破坏了，农民的生活也就毁了。堰河村从 2003 年开始，茶园就不用农药化肥，是中国较早进入了有机农业的村庄。我曾经说过，堰河村要做到什么程度，茶叶就能卖出大价钱呢？要蝴蝶、蜻蜓随处可见，清晨能听见各种鸟叫，夏天的晚上能听到蛙鸣，有萤火虫在人身边飞舞，这是城市人的梦想。这种情景在 2007 年就已经完全实现了。现在的堰河村充满了田园农村的意境，电影《茶色生香》就是在那里拍的。我们去的第一年（2003 年），他们的茶叶是 35 元／斤，第二年就卖到了 1200 元／斤，现在是 1980 元／斤，最贵时 3000 多元／斤，还很难买到。

新农村建设，对农民光给予还不行，一定要对他们有要求。堰河村建立村规民约时，对村民什么能做、什么不能做，什么该他得、什么不该他得，我们都跟他们讲清楚，并要求他们遵守。各地农民上访的情况比较严重，但堰河村从 2003 年到现在，几乎没有上访的，连打架的都没有。正义感扶持起来了，邪恶的东西自然就下去了。

总体上说，五山项目的第一阶段（2003 ~ 2006 年）是做生态环境整治，先生活，后生产；第二阶段（2006 ~ 2009 年）是把茶叶做出品牌，边生活，边生产；第三阶段（2009 年后）做旅游，先生产，后生活。可以说这是把常态的发展模式颠倒过来了。当我们把生态做好之后再回过头来做工业，这时候的工业是现代化的、高科技的，少了很多污染。现在很多做茶叶研究、加工、销售的都到五山来了，台湾的一个太阳能公司把全村的路灯都换成了太阳能灯。堰河村生态环境的建设、生产方式的改善、村民生活方式的转变等，渐渐形成了“五山模式”。

五山项目在 2009 年算是结束了，但当地政府希望我们继续做下去。那里已经换了三任镇党委书记，两任县委书记，两任市委书记，到现在依然和绿十字保持着很紧密的合作关系。“五山模式”目前来讲是成功的，但是它下一步的问题在于，“五山模式”主要还停留在堰河村的概念上，对周围村庄的影响不是很大，没有推广到一个镇。这和我们当初的定位有关：制定目标时只定了堰河村的小目标，而没有定五山镇的大目标，所以镇的建设落后于村。

3. 问安镇的新起点

带着这个遗憾，2009 年底我们又开始去做枝江市问安镇项目。

回顾绿十字从 1999 年到 2009 年的 10 年，我们都是在村和组中进行乡村实践。在农村工作时间长了，我们也形成了一些基本方法，于是就想做一个比“五山模式”更大、更系统的新农村建设试点。因为做项目，我们最关注的是它的可复制性和可推广性——光试点成功了还不行，如果不能复制，不能成为经验，价值就不大。这就是我们的第三步——问安镇项目。

问安镇的项目需要从生态系统、村民自治、文化教育、建筑艺术、环境保护等多方面着手，是 NGO 与政府的一次全方位的合作。新农村建设的试点镇如何做？我一直在考虑到村与乡镇的区别。一个村大概是

1000 ~ 5000 人，而问安镇有 4.6 万人，23 个村。过去我们面对一个个村，只要了解农民，教给村干部基本做法就可以了，而现在面对乡镇这样一个大得多的“系统”，该怎么办？过去做五山项目，是以堰河村的小目标为主体，而现在做问安镇项目，首先得定好全镇的大目标，然后再分解成小目标——这两种思路是完全不一样的。

绿十字规划设计建成的湖北省枝江市问安镇关庙山的新村

以前绿十字做村的试点只需要几个人，这回做镇的试点，难度、强度大多了，得多少人啊！别无他法，只能依托政府的力量，靠行政手法，用复制的理念，以点带面来推动工作。我们的设想是，借用党校的力量，把党校老师先培训一遍，由他们再培训村干部。我们只设定一个检查标准，而具体的检查工作交给组织部门来完成。规划与设计由我们制定标准，规划和城建部门根据标准，包村包组地推行。宣传部、学校和媒体侧重于造势宣传。此外，动员义工与志愿者，调动各方面的积极性。

这次“快餐式”的新农村建设项目是第一次尝试。为此，绿十字第一次把十年的乡村工作经验进行总结，编写了一套培训教材，前后两个多月，改了26稿，最后定名为《农民参与下的新农村建设方法入门》，希望把不管是成功的还是失败的经验都告诉大家。很多项目执行者不会说自己失败的例子，但我们经常告诉伙伴：我们之所以能做到今天，是因为我们曾经经历过很多失败，它奠定了我们今天成功的基础，不能说很成功，但起码算走得通。

前些天枝江市委书记和问安镇党委书记跟我谈起这个项目，他们都觉得问安的起步很正，而且老百姓接受得很快，整个镇的状态非常好。可以预期，它会比五山项目更前进一步，虽然它肯定还会有问题，最后也未必就是完善的。

二

我是一个画家，画家的思想有哲学性。哲学的目的在于追求真理，在于还原一个人既本质又简单的生活状态。因此对于我而言，是把每一个农村建设项目都当做一个艺术作品来做。当然做的过程中，不会忘记目标是建设乡村，是要让那里的村民安居乐业。

每做一个乡村建设项目之前，我都是先把这个村按心目中理想的样子画好，也就是在村庄原貌的基础上做一些调整和美化，然后拿给村民们看：你们的村做成这样，可不可以？村民如果认为很好，想做，我们就开始帮他们规划：第一年、第二年、第三年……做什么，怎么做，都写成文字。当然，在这个过程中一定要和村民经常讨论。村民自己参与了讨论之后就会很有兴趣，自己家将发生什么样的变化，要做哪些事情都有概念了，后面的行动也就主动了。

多年的乡村工作中，我的几条基本经验是：第一，一定要尊重村民的想法；第二，对于他们到底能做到什么程度要有评估，不能超出他们的能力太远；第三，建设过程中尽量做到差异化，每一个村要根据它的历史和文化风俗，设计一个适合它的发展模式，原有的历史文化元素保留，外加的元素尽量减少，这样做投入小，农民也能适应，新农村建设就不会瞎折腾。

但是事情往往不会那么一帆风顺，好的想法也会遭遇很多不理解。有时我们和当地政府、村民之间会弄得很僵。比如2009年湖北保康县一个村购买了绿十字两年服务，服务费10万元一年，设计费15万元。做了不到一年和镇里、村里闹出了很大意见。那个村有很多土房子，有的已经有五六十年甚至上百年历史，保存得很完好。这样的房子在我看来非常漂亮，而且它们的牢固程度、稳定性比砖房好，冬暖夏凉，抗震性也强。当然它们也有缺点，比如说老鼠爱打洞、爱掉灰、没有现代化的卫生间等，但是这些改造起来很简单。当时这个项目的定位是“贫穷山区的新农村”，既然如此，就不可能像东部农村一样大拆大建，而且这种建筑文化是很宝贵的旅游资源，很多人都喜欢看。但是，确实也要考虑到农民的要求，既然大家都想住新房子，那么我们可以把厨房、厕所改造一下，把屋子里面弄得现代一点。所以在改造的过程中，我们小心翼翼，尽量不动房子的主体，功能设计往实用上靠。但是村民不满意，他们喜欢艳丽的颜色，想把房子都贴上瓷砖，把木头的东西都换成不锈钢。我们认为农村本来就是很宁静的状态，弄得艳丽、跳跃反而不好。贴上瓷砖就好比人穿上了雨衣，会很不透气。修广场，他们希望用大理石，我们认为山里的石头、拆下来的旧砖都很漂亮，用它们就很好。这样分歧越来越大。但是在建筑过程中，他们还是很严格地按照我们的设计去做。我是个很认真的人，我跟他们说：既然你们请我来，我就是专家，我走了你们爱怎么建都跟我没关系，但只要我在这里，你们就必须按我们的规划来做。

他们觉得我们建的房子、广场不好看，没有达到领导的要求，也没有实现农民的希望。农民说，你看别的村起的一排排新房子，多整齐、多漂亮！

政府也觉得广场看起来档次太低。他们认为没花多少钱就是档次低，而不知道材料本身没有好坏之分，颜色本身没有美丑之别，只有用得合不合理。我说：如果我们今天做了你们想象中的建筑，十年以后你们就会骂我，因为那肯定不是一条新农村建设的路。我是宁愿不合作也一点不让步的，这样，一年后我们就离开了，大家搞得也不开心。

但是前些天，他们镇的副书记打电话给我，说过去的一年，在全省各地新农村建设的评比中，他们这个村的项目点在全省排第一，很多专家、学者、设计院去看，都给了很高的评价。所以他们觉得还是绿十字的理念对，想再与绿十字合作。由于他们的项目已经取缔，绿十字专家组没有批准。第二天镇党委书记又来电话，我再次转告了专家组的意见。绿十字每年只批准一个项目，要合作只能重新申报，能不能批还很难说。

在乡村建设的过程中，这样的情况非常多。我们不能因为基金会或政府的不认同就放弃自己的理念和选择。只要是对的东西，早晚会得到认可。

三

虽然做了多年的农村工作，但是在这个领域，我的身份并不明确，因为我既不属于“三农”这个口，也不属于社科院、中科院这个口，甚至我都不觉得自己跟 NGO 有多大关系。当然，没有关系不重要，重要的是事做得好就可以。我一直认为我只是个画家，因而在看问题、做事情的时候，完全是从画家的视角出发的。

当然，绿十字本身是个 NGO，它是在民政部门注册的。NGO 一般都在工商部门注册，在民政部门注册很难，所以我们比较幸运，可能是因为政府认为我们做的事挺好。绿十字的乡村项目不是单一做环保、垃圾分类，也做系统工程：产业结构调整、建房子、农民自治体系和村委会的建设、旅游等。绿十字是一个与多项边缘学科合作的组织。现在基本上是政府购买我们的服务，我们和基金会的合作很少，因为政府的项目资金量比较大，做的过程中能从大局考虑，人才多，宽容度也更高。

近几年来，找我们合作的地方政府越来越多，有的还没合作，就先把钱打到了账上。按照目前的发展情形，绿十字不会走下坡路。但是我不想把绿十字做得太大，怕陷入太多的行政管理中。绿十字至今只有几个人，接的项目也很少，一到两年才批准一个项目。

说到今后的打算，对我而言，我是把每个乡村建设项目都当做画画，它是我的兴趣和追求，所以很难说将来会不会终止。很多专家学者跟我说，在新农村建设当中，你从你的视角产生了很多新方法，这些东西值得推荐给大家，尤其是推荐给政府，所以你应该更多地做培训。现在，我的很大一部分工作就是做培训，我最近在编培训教材，里面有论文、方法、随笔、经验、调研等，同时也请了三农研究方面的专家廖星臣、政策研究专家胡晓芹、乡村工作专家贾建友（李昌平老师的同事）、社区参与方面的专家宋庆华、中国农业大学胡浩教授、保康县副县长余宝军、襄城区副区长陈学斌、中国远方网陈长春、微生物专家王立平等在做培训教材。之所以转向做培训，我也是想慢慢淡出，若干年后脱离这一行。因为我不是特别想在这个领域做太长时间，毕竟我是一个职业画家，希望有一天还是能回到我的画室。

当然，这里面还有一部分原因在于，在中国做环保、公益事业确实太累，尤其是草根 NGO，太辛苦！严格来说，中国的国民素质还没有让公益成为一种社会氛围，NGO 实际上就是“高级乞丐”，处于一种非常弱势的状态。我们不能得罪项目的管理者，如基金会。中国的基金会管理是比较脱离现实的，很多时候资金量少、要求高、项目设计不便于操作、目标定位不清晰。比如说有的项目，基金会要求就只做半年和一年。你说一个农村项目，没有三年怎么能做成事？最起码也要两个春天吧？再比如说项目执行期间，有时基金会就不给 NGO 房租、餐费，或者不给买设备、买保险，那么 NGO 住哪里、吃什么、怎么办公呢？国家规定所有社会人员必须有保险，打工的都有保险，有一些基金会却不给 NGO 买保险，是什么道理？汶川地震灾区重建，有的基金会规定，出租车票不能报销，买东西都要有发票和证明，但是灾区“5 · 12”那个时候哪有公交车？走到项目点可能得两天，不找个车怎么过去？连电都没有，买东西哪来的电子打印发票（规定手写发票不能报销）？基金会觉得自己没法跟捐款人说，你捐的钱中有一部分要让办事人员去打出租车，那样捐款人会不愿意。我们的国民在捐款时想得很简单：你们要把钱直接给贫困人群，不允许拿去做办公费用。但是找到那些贫困人群得花时间吧？找到了，还得考虑这笔钱怎样合理地使用吧？没有办公费用怎么做这些？所以，一方面捐款人不愿意，另一方面基金会又不能很好地了解、帮助、体谅 NGO，这样就会带来一个很大的弊病：在辛苦的状态下，NGO 可能就会做出违规的事，把自己带到一个非常不好的状态。你让他开发票，他没有，项目又要做，于是开假发票（充电子发票）之类的事就出来了。如果让公众知道了，会怎么看待 NGO，看待公益行业？

NGO 也招不到人才，好不容易培养两个人才，又常常被基金会挖走了，因为基金会给的工资高。中国的基金会严格来讲不是在养着 NGO，NGO 就像一个农民，只是在不停地干活，而没有一个被培养的过程。谁去培养中国的 NGO？

所以，中国的 NGO 面临的困难太多，它本身有来自政府的压力、资金的压力、人才的压力，另外还有家庭的、社会的各种各样无形的压力，你说不做公益会活得好好的，干吗要去受这样的罪？像我们这样一群人，是凭着一种理想和责任在做事。时间长了，自己也会觉得很寒酸，没什么意思，甚至还会怨恨：大家都不做，干吗要我做？做公益本来是很崇高、很开心的事，但现实却要把开心的事做得很心酸，何苦呢！所以很多人说要去做 NGO，我就劝他们别做了——做这一行太苦。

等什么时候中国真正成为公民社会，NGO 做起来可能会轻松很多。像西方社会，它有一个很好的“两五制”，就是公民把时间的5%和收入的5%都拿出来支持公益，这样，做公益成了一种国民义务。而在中国的NGO和基金会的合作模式下，如果公民不能很好地理解和支持，那么做NGO就注定是个苦差事。

但是，我们当然不能说现在中国这么多NGO所做的事情都是没有必要、没有意义的，因为总要有一些人率先去做，我们实际上是作为先驱者，走到了这一步，然而走得很不甘心。我来北京以后，把买房的钱、卖画的钱全都做公益了，以至于朋友都说我脑子进了水，问我想干吗，“这又不是你的事情，而是政府的事情”。所以我不大愿意待在北京，人家老说，说多了我心里也会恼火。

中国现在的NGO做出了较大影响的，像北京地球村、自然之友、绿家园等，它们的领导人包括我自己，都不是靠这个职业来谋生的，我们本身都有很好的社会背景，不存在生存的问题。但是如果公益事业完全建立在这样的基础之上，那是极其不可行的，因为像我们这样的人太少。我们很多企业和有钱的朋友，他们想做公益，我都劝他们不要做，因为你们没有做好准备，要想做公益就一定要像僧人一样有“出世”的境界。不然做了一半会抱怨公益，坏了公益的名声。一般的工作人员如果要长期在NGO做，他怎么生存？整个中国NGO的发展，就处在这样一种特别艰难的状态之中，即使来了人才也只是在这里过渡和感受一下。在这样的大环境下，我没想过要永远做下去。

中国的每一个NGO把自己的历程写出来，读者看了肯定都会流泪。中国NGO的精英分子能够做到今天这样，他们是最了不起的中国人——至少我是这么认为的。这个群体中的很多人完全可以有更好的选择，却选择了“乞丐式的生活”，他们是高级乞丐，生活中他们是最需要也最看重尊严的人。

2010年5月14日于北京金台西路，刊登于《绿叶》杂志（2010，5）

NGO与政府的融合

很多人都问我如何与政府保持顺畅的合作，为什么你们这些非主体的项目（垃圾分类、宗教问题、公众参与）会成为政府工作中的重点？我回答很简单：因为农民需要！

我觉得NGO首先要认清自己的价值与作用，这是很重要、很客观的问题，这好比是重量级的专业选手与业余选手的关系，NGO在专业、资金、执行力、人才等方面与政府是无法比拟的。NGO既不是政策的制定者，也不是政策的执行者，NGO拥有的就是公民的责任与良知，还有自身的热情与理念。

我是一个画家，也是一个理想主义者，十几年NGO的生涯中，我做事越来越理性了，知道怎样才是真正地帮助贫穷人群，怎样把底层的声音传递给政府。我们的办法就是与政府达成一定的共识并共同合作，同时帮助政府做好农村工作。

现在的我没有理想只有理性了。

NGO在“5·12”大地震中的洗礼

“5·12”大地震后，四川社会科学研究院郭虹女士作为四川“5·12”民间救助服务中心顾问工作在抗震救灾的第一线，在抗震救灾的过程中她提出“帮忙不添乱”。这句话虽很直白，但从中可以看到政府与非政府（NGO）之间清晰的作用与关系。

“5·12”一周年后，NGO留在灾区的很少，到两周年后就更是寥寥无几了。其实，我认为重建（建房）之后的灾区，才最能体现NGO的价值与作用，NGO的工作应该才刚刚开始。重建只有政府的力量才能做到，重生才是非政府组织的优势。但实际工作中NGO在一周年时比政府撤得还快，说明重建需要政府的大投入、大资金、大规划。灾区的重建更需要宏观做事，要速度要质量，这些工作也只能由政府统一完成，这些是NGO不可能完成的。

绿十字在四川“5·12”大地震中给灾区秦家坎村民进行查庄重建培训

其实，NGO的项目在政府规划中一般都有，只是做得好与不好的问题。但项目一般放在非主流部门，如民政、宗教、环保、卫生、教育、生计、体委、文化等。而财政、发改委、交通、城建、公安、纪委等才是政府的主流部门。NGO的项目大多是关注民生的问题，而民生的项目需要主流部门的支持才能得以实现的。

NGO关心的问题范围很广，参与热情高，但NGO的项目引来的政府关注度不够，郭虹女士提到NGO应该在重建中给政府“帮忙不添乱”。帮忙就要能解决问题，而很多NGO是说得多做得很不够，这也是NGO特殊的社会环境和自身发展的问题。NGO的项目一般审批都会很慢，有点像姜太公钓鱼。正常状态下，每个项目从申请到拨款要等5到8个月的时间甚至更长。因此，政府对NGO 的办事效率有很大的看法。在灾区，我们就是遇到一个项目，从开始操作到拨款就用了8个月；另一个基金会的项目用了6个多月才审批，批了还不算数，等钱到位才算数。哈哈，结果这个项目最终钱还是没有下来。一年一个春天，希望的一年变成失望的一年！难怪政府会说NGO的效率比政府还慢。政府在重大灾害面前还可以特事特办，不少基金会就做不到这一点。其实，NGO在灾区的困境，是政府官员坐在有空调的办公室里很难体会到的，更是那些白领们无法理解的。因为中国的捐助者不能容忍资金有一点点的差错。中国民间公益事业不仅要面对政府的审核，而且还要面对捐赠者的不理解。以为在灾区有地铁、公交、餐厅、快捷酒店、发票、通信、医院。事实上重建时什么都没有，是一次“乱战”和“混战”。重建过程中不可预测的变数，就连政府都很难预料，何况NGO。而基金会在项目评估过程中，还要求按计划执行，要求项目与资金分毫不差，不能有任何改变。特别在资金审计中，没有电子发票不报，出租车不报，吃饭没有酒店发票不报，购物没有正规发票不报等。这些问题都是因为基金会太不了解灾区造成的，不能亲临现场，最终项目资金还批不下来。基金会对NGO缺少了解和信任，结果政府和村民认为NGO做事太理想化，脱离现实，说得好做得很不好。

重建中，很多NGO没有得到政府的信任，更得不到农民的认可，还经常感情用事，所以政府就很不满意。其实我们换位思考一下，谁都不会高兴。

NGO自身的作用与价值是有限的，NGO没有资金来源，每一个项目都要向基金会申请，第一年有了，第二年就不一定了。就是申请到了也只是一些出差费用，和基本的生活保障，很多工作人员连基本三险都做不了，还不如农民工的待遇，因此也就吸引不了人才。管理人员的变动也很大，这些都是限制NGO发展的重要因素。同时，项目的资金也只是蜻蜓点水，大多数项目还是需要政府的配套和支持。第二年项目要等第一年项目评估后才有可能同意你再申请。如果项目有一点的变动，那就会非常麻烦，还要重新审批，要重新走审批程序，这样一来又要浪费很多时间。可政府的项目都有严格的计划和时间，不可能等基金会的时间，所以灾区重建中政府与NGO在合作上就会有很大的问题。严格地说是NGO管理和效率有问题，主要是人为因素。可以说，中国基金会的行动力落后于NGO，服务功能脱离现实，基金会变为优雅的职业，如同今天的医院里的庸医，工作是为了挣钱，而救死扶伤已是工作之外的事。

"5·12"大地震，有数千亿的社会捐赠资金没有用于社会公益事业，更没有落到NGO的项目中。当然，也要客观地看问题。中国的NGO是草根性、本土性的民间组织，在整体能力、专业性、独立性、资金的运作上还是有很大的问题，基金会对NGO的培训和关心做得还很不够，没能招收一些有理想、有责任的人才，政府自然是不会把这些资金放心地交给NGO。

不过NGO的优秀人才也是很突出的。NGO的领导者绝大多数都是有责任的知识分子，又是理想主义者，人文情怀很浓，重感情，不适应理性的政府体制。因为组织的生存条件差，项目的执行能力就会很弱。NGO领导者的关注点恰恰都是政府工作中问题较多的地方，比如三农问题、城乡差距、农民工、民主进程、妇女健康等，这些问题社会的关注度很高，NGO就是把这些问题提出来重点做，成为社会热点，这些也是政府工作中不可回避的问题。

中国的很多问题就是NGO关注后政府才开始关注的，NGO关注的都是民生问题。NGO 的存在一定程度上让政府感到有压力，但是 NGO 也得到公众的认可。

融入政府才能帮助农民

2003 年成立北京绿十字的目的，就是学习西方 NGO 的工作模式，让政府来购买我们的服务，让绿十字更专业化，保持 NGO 团队的凝聚力。今天回头看看，我们基本做到了，其中重要的一点就是团队的稳定性，这也是组织发展的基础。

五山模式 2003 年正式开始，也是三农问题最严重的时候。当时中央停止向农民征税，在农村，政府工作处于空闲状态。为节约开支，机构开始减员，当时称“深化农村配套改革”。最大的措施就是干部分流，我当时住在五山镇的招待所，每天都会与镇书记谈心。

我们就是在这个非常时期进入五山地区的，当时政府说得最多的话就是干部现在不收税，可以做生态文明，可以帮助农民抓产业，你们第三方的介入，可以化解农民与政府之间的矛盾。

五山模式从垃圾分类开始，这在政府日常工作中是没有的。政府工作的特点是动作快、线条粗、效果有时不好。中央文件从省市——县镇一步一步在推动，没有列入政府工作计划的，政府一般是不接受的，特别是非政府组织的倡议更是不理睬了。我们提出垃圾分类，在北京和上海也没有做好，何况在乡村？

绿十字的核心工作就是把绿十字的理念融入政府工作计划中，这个过程就需要 NGO 从感性转到理性。因为，社会工作中太感性，就会越来越乱。政府要考虑和解决全局的问题，NGO 则是从局部来关注问题。一个是面，一个是点，点与面的结合就是很好的互补，也是不可分离的，只有点是不行的。NGO 的扶贫真正能解决贫困人群问题的则很少，反过来说，只有政府的面也是不够的。我跟政府反复说明这个道理，他们接受了，绿十字非主流项目才正式进入五山政府的工作日程，这也是一个很不容易的过程。

开始我们知道垃圾分类不可能成为政府的主导工作，可还是希望垃圾分类能渗透到政府工作中去。有政府介入，农民才能更好地参与，2004年这个项目成功了。

在2004年大半年的时间里，我们一直在考虑转换垃圾分类的概念，怎样把垃圾分类与绿色经济结合，与茶叶联系在一起，与集体观念统一。我们提升了垃圾分类的内涵与价值，应该说最终是成功的。

我们常常对乡镇干部说，现在垃圾在包围城市污染环境。垃圾分类在北京、上海都做不好，你们做到了，你们说有意义吗？政府非常认可，也觉得乡村太脏、太乱，只是一直没有更好的办法，同意做。

在农村只要干净，生态环境好，这些地方就是将来的投资热土，大连、威海、深圳、珠海、杭州等都是如此。一些地方垃圾遍地、污水横流，一表示这个地方落后，二是人的教育与文明程度差。贫穷与野蛮、落后与保守，这些是紧密相连的。这样的地方怎么会有发展，怎么会有人来投资呢？大家注意一下就会发现，在农村大多不卫生的人家，都很贫穷，只要干净卫生的人家，基本是富裕的。

茶叶原本就是生长在青山绿水的环境中，茶叶讲的是“清、静、雅”。以五山此前的环境，茶叶一定不会卖出好价钱，会低于蔬菜的价格，政府与茶商都明白这个道理。所以五山从垃圾分类入手，是投入最少，获利最多，变化最快的办法。

乡村工作有一大部分时间是花在吃喝上，花在与农民和村干部的聊天上，不吃不喝就不能很好地做好乡村工作。这不是廉政的问题，而是中国农村特殊的生活方式。特别是政府用好酒好菜招待你时，就说明他们认可你了，你可以有话语权了。中国农村再穷不会穷嘴，这是特点。

五山离武当山只有30公里，有山有水有茶叶，只要政府能实事求是地做事，心不要大，认真走好每一步，从先生活后生产的发展之路开始，走一条绕过工业发展直接步入生态文明的可持续发展之路，五山就有可能成为一种模式——“五山模式”。

经过一阵游说，政府认为可行，符合五山现状。于是五山镇政府开始与绿十字一起研究了我们说的“五山模式”。

政府购买服务与 NGO 的专业性

2004 年 10 月份，五山镇政府出台了一份正式文件，就是把垃圾分类列入政府工作计划，并成为干部考核标准之一，这个时候我们在这个问题上告一段落，垃圾分类从此不再是绿十字的工作，而是政府与村民的工作。

NGO 最主要的任务就是传递思想与理念，NGO 不可能成天在田里干活，更不可能有成千上万的资金来投入（当然不排除个别案例）。

NGO 架起公众与政府、企业、市场需求通道的桥梁，是帮助和监督政府更好地为公众服务。

美国爱心基金会会长翁永凯博士带领各国著名高校的大学生到山东方城镇学校，与本地学生开展环保、艺术、游乐活动

在工作中，绿十字只起着监督、检查村干部和政府对“五山模式”执行情况的作用。绿十字开始进入到指导与监督的位置，这就不是 NGO 的工作。如果一来就说要监督、要指导政府工作那就是开玩笑了。我们的经验，一是做事认真，二是与干部成为朋友，成为朋友才能谈做事。我们不能简单说这不对、那不对。

我回到城市就会进入很正规的工作状态，在农村就是吃吃喝喝。前面说了，吃吃喝喝也是工作，特别在乡镇更是这样。我很喜欢这种在人情、开心、简单中把很多艰难的事完成的方式，这是低成本的工作方式，我一直也在研究。

这就是城市与乡村政府的两种不同的工作模式。

政府对专家、学者的身份看得很重，比如做规划一定要请清华或同济大学来做，请专家一定要到北京和美国去请。 比如你是来自安徽马鞍山的专家，自然就没有什么吸引力，如果你是来自北京的那就另眼相看了，如果你是来自联合国的那你就是上帝了。我之所以留在北京，把绿十字的总部放在北京也有这方面的考虑。

讲到专业，这也是 NGO 要具备的。绿十字在 2003 年以前与规划和设计关系不大，这之前做的主要是环境教育，推动再生纸利用，做跟环境有关的活动，教大家唱环保歌。这些活动做久了，我们觉得效果不大，活动一结束，又回到原样。

我咨询过北京社区，为什么不做垃圾分类？老百姓的话让我知道，单一从小区、学生开始做是不行的，垃圾的回收、价格、清运的渠道、分类后的物质利用，环卫部门与环保局的关系等都存在不少问题。政府对资源回收的推动要做很细致的工作，这是一个系统工程。不解决这些问题，垃圾分类就不可能做好。

我发现我们以前做的工作只是冰山一角，不能说没有意义，只能说传达了可持续与绿色发展的理念，但是不能解决实质性的问题。

于是，我考虑 NGO 要解决从局部到系统规划这个问题。不过这个系统不可能从城市开始，我们也没有这个能力，于是转向乡村，从一个组、一个村、一个镇开始，从系统的角度探索做好规划对可持续发展中的重要作用。

五山模式就是从系统规划开始，逐步走向理性的方向，并非常重视实践的过程。在这个实践中，有收获的不仅是五山，绿十字也有收获。同时，农民和茶商也都赚了钱。从此，绿十字就开始把乡村系统规划列入重点工作。2006 年全国开始推行新农村建设，绿十字迎来了政府为我们的服务买单的时期。

规划是很专业的一件事。规划在传统概念上就是城市建设和工程规划。随着社会的发展，社会问题越来越多，规划的概念开始扩展，规划已经集建设、文化，生活、艺术为一体。而在这个过程中，政府还是用原有的规划理论、传统的旧观念在面对新的农村，显然不专业。这时政府感觉到问题了，他们自己在新农村建设中感到困惑了。

中国未来 NGO 的发展有三条路，一是政府购买服务，二是公众参与，三是市场需求。目前绿十字开始摸索着政府购买服务，绿十字以为这是绿十字发展和持续的正常之路。

NGO 的独立性和共融性

新农村建设如果必须在统一的规划下执行，否则就不能整合资源进行统一的建设，不能有效和持续。但很多不切实际的新农村规划给农民带来很大的不方便，把新农村描绘得太好了，结果做得不好，这给农民带来了很不好的影响。

新农村建设中政府过于注重硬件，忽略软件。他们也知道软件的重要性，只是找不到好的理念和思想，在这样的一个大背景下，NGO 起着非常大的作用。只要有正确的方法，政府也会花钱购买。

新农村建设前期，政府在没有了解农民特殊的生存状态时，就不切实际地推进园林式、城市人的生活模式，5 年下来的结果就是城不城，村不村。新农村建设农民说不实用，美丽的旧农村又没有了。

农民的家是以庭院为主体的小经济特点，菜园、猪圈、厕所、柴禾堆、鸡鸭猪狗、门前晒粮食，形成了特有的中国农民的家庭模式，这种感觉原本很美。

今天凡是没有被改造过的农村，变成了城市人喜欢的农家乐。而政府花大量的资金建设起来的新农村，农民和城市人都不喜欢。凡是违背农民意愿的新农村建设，严格地说是对中国农村文化、历史、传统、道德的一次巨大的破坏，这个破坏很干净、很彻底，20 年后村里一定又是一批建筑垃圾。

绿十字在参与新农村建设的过程中，为政府提供了一个简单、花钱少、有乡村文化、农民喜欢并愿参与的新农村模式。这种模式又是专家和学者认可的，用政府的话说，这就是科学的发展观。

在中国做事一定要先做出试点，只要有试点就有可能成功。绿十字用了近 8 年的时间完成五山模式，这个过程就是 NGO 进入政府，五山进入市场的路，同时绿十字也找到一条具有独立性的 NGO 之路。从五山模式之后，绿十字开始有了自己的话语权，也有了绿十字自己的思想。

关于一个组织的独立性，我是这样理解的：独立性指的是组织的思想能引导公众，并有持续性和排他性。当一个组织的思想不能引导公众，不能运用实践时，所谓的独立性就只是概念而已。绿十字在五山模式中与政府应该是相互影响，绿十字在影响政府，在影响农民的生活方式，同时他们又在修正、校正绿十字的思想和理念。没有五山的农民参与，五山模式也只是纸上谈兵。

所以绿十字的独立性，具有很强的渗透性，更具有社会性。

关于如何看待中国的三农问题，又怎样看待农民的现状？绿十字也有自己的观点。

现在农民的社会待遇从地狱到天堂（相对农民过去而言），农民也在争取属于自己的话语权，政府就为农民打开了一条通往上访争取权利的道路，同时也是政府为自己日后的工作设立了一个永不安宁的稳定问题。

农民问题要政府来解决，要国家政策来解决，要依靠城市反哺来解决。这些问题说起来容易，实际做起来还是需要很漫长的时间，就像温家宝总理说的“需要有30至50年”。这么久的时间里我们不可能等待，自立、自强、艰苦创业是解决问题的方法之一。

本地施工农民用最简单的建筑材料来建设有特色的新农村

乡村工作最初想说服农民很难，我们只能与镇、乡书记交流。现在的乡镇书记基本是专科和本科学历，大多是上级政府指派的，他们是城市人，很容易与我们交流。关键是他们年轻，想好好做事，说服了他们就等于说服了村干部。在得到镇政府的认可下，村干部做事就更踏实了。一般情况下，我们已与村干部事先沟通好了，才去找镇政府，五山就是这样。

不论项目是扶贫还是新农村建设，在选择项目时，人是第一因素，文化、政策是第二、三因素，钱是最后的因素。

农民参与、局与科的加入、地方政府的支持，这几股力量汇聚在一起，就形成了一个整体，将一万个人的想法变成一个想法，最后将想法又变成规划。规划就是一种规矩，一种文明的准则，也是一种自治的方法。有了这种方法，很多农民问题就很容易从源头解决。社会稳定，资源整合，让项目真正进入人与自然平衡的境界。

绿十字是环保组织，可是绿十字很少与政府、农民说环保，而是把环保、生态、文化和宗教融入政府规划之中，在实践中政府与村民也会感受到项目的可持续性。

农村是一个道德的自律社会，可是农民又是一个以自己利益为上的个体。他们有极为崇高的一面，同时也有很愚昧的行为。农民、市民和公民三个身份中，农民身上有较多的公民色彩，他们在道德、爱心、互助三个方面比市民有责任感。我们做社会工作要更多的利用人的善心与善缘开启民智。

了解中国就必须了解农民，做好新农村建设就更要了解乡村。中国农民史就是一部中国史，农民日子好过了，中国就更美好了。

2010 年 6 月 13 日于五山

2010 年 10 月修改于北京

灾后重建　漂亮转身

“5 · 12”汶川大地震，历史毁掉一片城市，也抹去千千万万个乡村。爱心把绿十字推到了绵竹市遵道镇秦家坎村。从 2008 年 6 月至 9 月进入调研与规划阶段，10 月 11 日秦家坎三组打下重建的第一根桩，开启了三组人的重建梦想。

绿十字长期从事乡村建设，对乡村情况比较了解。我们认为重建必须考虑生计，生计必须与生产结合，生产必须与新农村结合，最终让秦家坎三组回到常态。新农村建设不能没有农民参与，没有农民参与的重建，没有农民支持的新农村建设就不是重建，也不是新农村。这是重建的原则。

绿十字在“5 · 12”重建过程中，做了两个项目：一个是有对口援建政府（北京）和基金会资金支持的项目，另一个是没有政府对口援建（政府规定乡村是自建）、没有基金会资金支持的项目，也就是说绿十字参与的重建只带着理念，而没有带一分钱到秦家坎村。我们选择此项目的目的，是为了看看哪一个重建得快，哪一个重建得好，哪一个重建得完整，也是希望看到重建的多种模式。

很多人说我们在开玩笑，也有政府这样说。还有的政府说我们什么都不要，只要钱，有钱什么都能解决。绿十字说，还有一种比钱更加重要的东西，就是人的精神。

由壹基金支持的项目，在四川省什邡市洛水镇渔江村实施。

图为香港大学、村干部、绿十字夜谈渔江村规划

渔江村干部在临时搭建的“会议室”

钱作为今天城市人的全部梦想，也成为社会的价值观，这种可怕的文明在重建中又渗透到乡村，我们感觉到很悲哀。这是灾区重建中的不幸，不可能有那么多钱来解决乡村重建，钻在钱眼里必然会让农民从感恩走到埋怨，因为钱是有限的，钱也不是万能的，钱从来就是魔鬼的化身。

秦家坎三组 55 户，在重建的两年时间中（第二年又再得到南都基金会的资金），绿十字全部支持的费用只有一万多元。这一万元主要是土壤改良、产业调整、家庭污水处理和修建垃圾池，重建与重生同时开始。在村民建房的过程中没有一分钱资助，村民的建房资金来自政府的补助，平均每户两万元，还有一些贷款。中国农民从来都是在很少钱的状态下把房子建完，灾区重建也是这样。

绿十字在建房的过程中没有带进一分钱援助建房，因为我们了解农民的经济构成，知道他们没有外援也一定能把房子建好。目前难的是怎么动员村民自立、自强。希望他们不要建太大的房子，不要都建楼房，要面对现实。

这个过程中，绿十字最初得到南都基金会的资助。南都基金会资助绿十字成立了乡村规划和重建工作室，也是中国第一个专业性为农村做规划与设计的公益机构。有了这个平台，绿十字才能免费为秦家坎设计 7 套清水房和三组重建的规划。绿十字的理念就是要让灾区“人人都能有房住”，特别设计了“渐进式”住房（这个项目由壹基金支持）。我们把农民的房子分两次建完，第一年建厨房、卫生间和一两个房间，第二年再建余下的房子。这样的理念让秦家坎三组在“5 · 12”一周年的时候，95% 的村民全部完成了重建。这种理念在灾区迅速传播：遵道镇最贫穷的秦家坎村以最快的速度，靠农民参与，靠村委会的积极配合，实现了一年完成重建的政府计划。

绿十字在秦家坎的工作把重建与重生融为一体，因为农民的生活生产是不分离的，我们在重建的同时，就把重生（产业）视为比重建更为重要的事情。

重建中保留了25亩村庄的地震废墟，作为未来旅游考虑，也作为村集体用地，并筹备产业转型。秦家坎的烟叶在历史上是进贡皇宫的，非常有名。秦家坎的土壤在这个地区很特别，只是因为化工厂把土壤污染了。“5·12”大地震化工厂被震倒了，厂也关闭了，秦家坎的土地上又开出花，也结出了果。绿十字再次让村民播种停种了几十年的烟叶，在这之前清洗被污染的土壤是第一步。绿十字从北京免费找到资助，由北京新纪元三色生态科技有限公司资助三色生物菌来改良土壤，为来年的产业发展做好充分的准备。

从重建到重生，绿十字在三组村民的参与下开始推行垃圾分类，开始整理房前屋后，开始动员新农村建设。重建的两年中，老人和妇女，小孩和残疾人，还有盲人也参加了村庄建设，让我们常常受到感动。我们一直强调，不仅要感恩，感恩最好的方式就是行动。只有村民有行动，重建才会有意义。

从2008年5月12日到2010年5月12日两周年的日子，秦家坎村的

重建中盲人也参与了绿十字主持的村庄重建工作，图上盲人说，他眼睛看不见了，可是心里看得见

产业转型让村民看到了希望，他们种的贡烟试验成功了。6 月 29 日，绿十字与村委会召开了第三生产队大会。村书记肖运贵说：“绿十字在重建中没有带来钱，钱是花得完的，绿十字带来的思想与精神是永远用不完的。今天绿十字孙老师说道，秦家坎在整个灾区重建中不等靠、不等要，靠自己的努力，靠大家的双手完成了重建、重生到新农村建设的转变，这就是对全国人民最好的答谢，也是南都基金会与绿十字最希望看到的。”

2010 年 5 月 12 日到 2011 年 5 月 12 日，秦家坎开始进入到新农村建设阶段。新农村建设是什么？村主任说：“新农村建设需要大家参与，自己的村庄自己建设，自己的孩子自己养。我们三组没有等、要、靠，我们在重建过程中为整个遵道镇开了一个好头，这就是我们的希望。我们三组人是好样的。”

来开会的男女老少热烈鼓掌，他们在重建到重生一步步的与绿十字走过来了，他们看到了希望，他们更加期待绿十字所描绘的新农村。

秦家坎村民田间地头学习种植技术

灾后重建的村民在土地庙前歌舞欢聚

三组杨队长说："今天我们的产业（烟叶）大家看到了，烟叶每亩田最差也能赚2000元，好的可以赚4000元，比我们原来的玉米每亩最多卖1200元要多多少倍啊。重建工作的第三年就要开始了，新农村建设也开始了，垃圾分类池已经建好，污水处理池也准备弄了，地震遗址要准备建设，农家乐也开始设计，秦家坎三组的示范与试点效果已开始影响周边的乡村，大家有没有信心啊？"村民齐心说："有！"这个声音在2009年8月的一次动员大会也听到过。

在绿十字参与众多的重建中，秦家坎三组是在没有外援支持下非常自然地完成了系统重建。三组的重建证明了另一种重建的价值观，也让绿十字坚定了"重建不仅仅依靠钱，更重要的是精神"的信念。

机会总是留给有准备的人，秦家坎的表现感动了很多基金会，感动了很多志愿者，绿十字也是被他们自立、自强和自信精神所感动的机构之一。

2008年5月12日～2009年5月12日　完成重建；

2009年5月12日～2010年5月12日　完成重生（准备）；

2010年5月12日～2011年5月12日　开启新农村建设。

三年完成重建到开启新农村建设，秦家坎漂亮转身，这个过程也是绿十字第二梯队成长的过程，绿十字也心安理得，基金会更是欢欣，我们也可以安心地回家。

2010 年 6 月 29 日于什邡重建规划设计工作室

第五章
未来城乡生态与文明

新農村建設方法與實施

风水中国 时来运转

今天的社会变化太多，不仅仅是人对物质的过度追求，也是整个人类过于自信，对万物生命无视的结果。确实，人类在创世纪之时，就逐渐形成了自我约束的文化，而这些文化到今天却逐渐缺失。地球的形成已有46亿年的历史，而人类有记载的历史还不足6000年。在这漫长的岁月里，历史一直在轮回，历史也一直在重演，只是可怜的人类生命太短暂。

1949年到2009年，整整一个六十甲子的轮回，中国又开始了变革。

这60年中，人们一直停留在城市建设的热潮中，陶醉于城市建设繁荣的成果之中。就在这一轮回要结束的时候，环境污染、生物链断裂、信仰缺失、城乡差别拉大、农民与市民的文化对立……人们还没有研究好城市与自然之间的关系，现在又面临着新农村建设、城乡统筹和田园城市等新的课题。

东方的文化在消退，西方的文化又没有根基，人们在"东张西望"，人们开始迷茫了，老一代在回顾过去，新一代在寻找信仰。

本人生于1961年。出生于这个时代的人更加显得不知所措。思想和精神的无序必然会流入到寻常百姓之家，更多的普通人会在迷茫中寻找属于自己的依托，这种徘徊歧路的日子也是求证真理的日子，这个过程是绕不过去的，没有捷径。

但是，这个过程留给了我们这代人数不清的对社会、文化、建筑、生态和环境的不解，这些恍惚就是一个时代的特征，也是社会在发展中的必然规律。我写这段文字，也就是告诉后人，假如历史再有一次轮回的时候，这样一个曲折我们可否绕过呢?

我们来看看这个时代的一段文字：

北京权威风水策划专业机构——中国某某神算专业风水策划，作为居家、办公环境（风水）学来讲分为四种结构：

（1）外部环境结构（周围大环境的影响）；

（2）内部结构（建筑内部构造和家具摆设）；

（3）命理结构（办公者或居住者的命理与房屋结构是否相合）；

（4）隐性结构（室内温度、湿度、空气清新度、噪音、透光度等）；

（5）特殊结构（地下特殊物体和磁场的影响）。

尤其是对第五种结构的调理，是没有功夫的环境（风水）策划师所不能做的。作为大型地产项目的开工建设对这种“特殊结构”的调理尤为重视。作为环境（风水）学的这五种结构对人们的健康、婚姻及事业的成败具有重要的影响。

另外，公司的风水是极其重要的，公司的位置、朝向、内部结构以及公司人员组合，关系着一个公司的命运。每个人的命理不同，方位不同，所以财运也不同，如果能够合理规划家居及公司办公空间，让其聚财、纳气，就可以使公司财源滚滚、平安吉祥。

中国某某神算策划中心是由当代著名内功大师、资深周易、姓名学/风水学专家某某先生亲自主持。中心的业务范围：

(1) 提供专业的公司起名，包括店铺、酒楼、产品等起名、命名业务；婴儿、成年人的起名改名服务；作家和演员取艺名、笔名等。

(2) 提供权威的公司/个人事业、财运、婚姻、仕途、学业、投资、合作、用人等详细的周易预测（算命）服务。

(3) 提供权威专业大型地产、楼宇等风水勘察、选址、整体环境（风水）规划，以及公司、办公室、店铺和家居及住宅等风水选址，策划服务。

(4) 提供权威专业的公司（开业、庆典、动土、交易等）择吉日及个人（嫁娶、剖腹产、搬家、出行等）择吉日服务。

看了这样一段文字后，不由得笑了，这个公司其实已变成了一个小小的联合国，已经变成了无所不能、无所不包。科学和文明在风水面前显得很是无奈。我有一个朋友是文学博士，要装修新房，因为他很有钱，花了10 万元请了一个风水大师。大师看了他的豪宅，因为是城市公寓，房子就不存在什么选址和朝向之说，风水大师只能在房间里有所作为，并留下一片文字：

门厅风水关键

古云："入屋看门口，好坏知八九。"门厅风水极为关键，家居迎吉纳祥之重要所在。通常用罗经勘测门厅玄关风水形式、风水配饰，布设"天圆地方（富贵无双）"、"富贵平安"、"红烁迎门"、"招财进宝"等风水吉局，以兴旺家宅。门厅风水通常禁忌镜面迎门、步履黑云、下窖跌运、门窗对穿、上空下透等情形。镜面迎门：祥瑞外反，纳吉无力；步履黑云：霉气萦绕，内宅不祥；下窖跌运：临深履薄，每况愈下；门窗对穿：煞犯穿堂，财帛不聚，且伴风险；上空下透：外强内弱，易招盗贼。此外，门厅大玄关、小玄关或侧玄关，风水有别。具体情况，因地而定。

哈哈，我看了笑了。这段文字 253 个字，平均每个字 400 元，无意义的字占了 50 个。我很快在网上查到这段文字，这样一段文字实际上也是日常装修中的初级知识。朋友听说后也在网上看到了这段文字，最后说了两个字：无知啊。

我们两人笑笑，这时的我同样也在信与不信之间。信又觉得无知，不信又更加觉得无知，这就是我们这代人的困惑。

在现代汉语词典中，"风水"一词是这样定义的：指住宅基地、坟地等的地理形势，如地脉，山水的方向等。迷信的人认为风水好坏可以影响其家庭、子女的盛衰吉凶。

中国古人把风水称为堪舆，也叫地理。我们不妨连起来一起读做：堪舆风水地理。我们也不妨可以这样解释：堪（观察天）、舆（勘察地）、风（空气空间）、水（水文水质）、地（地形地质）理（研究分析理论）。

在地球上，占最大体积的物质是什么，就是风、水、地。人类赖以生存的最基本的物质是什么，也是风（空气）、水、地（土地）。请大家在说风水的时候不要把“地”忘了。

“风水”好可称为“生态环境好”。“风水”也可说成自然规律，“风水”中取缔了道教文化。老子说：一生二，二生三，三生万物。一就是天，所以有天一生水之说；二就是地；三是什么，三就是水。把老子这句话注释一下就是：天生地，天地生水，天地水生万物。由于我们对中国传统文化的缺乏，“风水”成了社会超越科学的文化，成了主宰人类生命的学科。

风水，在我看来就是生态自然学，其基本思想就是把一个村、一个社区、一棵树、一片树叶作为一个生命整体系统，这个系统不再以人为中心，而是以自然为中心，因为人在大自然之中只是生命中的一环，而且是很小很小的一个环节。环境中的每一个系统都是相互联系、相互制约、相互依存、相互对立、相互转化的要素。“风水学”的功能就是要宏观地把握各子系统之间的关系，优化结构，寻求最佳组合。

后来在我的日记和文章中把“风水学”和“生态学”分开。我不喜欢“风水”这个词，就像在街上看到一个与我穿一样衣服的人，这个人是学者我会很高兴，可是这个人是个流氓，我就很郁闷。“风水”这个词社会上已经把它与算命测字划在了一起。

中国传统中有一句话我很喜欢，“水主运，路主福，山主财，方主禄”。这话什么意思呢？就是建房时，门前应有流动的水堰，流动的水表示子孙万代，源源不断，水在古人中是财运的意思，所以有水就有运，可是不能是死水（不流动）。

路主福。我记得改革开放初期，山东人先提出要想富先修路，老百姓也说“条条大路通北京”，也是说明有路就有希望，今天农民修房不都修到马路两边了吗？

山主财。这里说的财是生活的平安，不是我们城市人说的中了百万大奖。中国历史上多灾多难，战火不断，农民希望能吃饱吃好，不受战火与瘟疫之灾就是“财”。

我们可以想一想，山区一般都比较偏僻，那里不是兵家必争之地，战争一般发生在中原、水陆交通要道，那些地方都是“烽火连三月”。

所以过去不少农村大户人家为能安逸地生活，很多都逃到山里，就连成功人士也倡导隐士生活，“隐”到那山野里。陶渊明不是也到山里了吗，“采菊东篱下，悠然见南山”，过着归田隐居的生活。瘟疫一般发生在大的战争、自然灾难之时，同时也是人口密集的地方。而有山的地方人口稀少，生态环境好，所以一般不会有瘟疫。

方主禄。坐北朝南是一种生活习惯。人们说：“万物生长靠太阳”，何况人呢？房是人住的，房就必须按人的习惯来建，日出而作日落而息，房子也是如此。早晨要阳光照到屋内，下午要远离阳光，所以古代农民建房“朝南窗，向北墙”。北方因为生态环境差，对阳光更是渴望，他们的房屋朝向更是会利用方位，朝阳的一面全部开窗，朝北的完全不开窗。

算命、测字、风水、八卦等，过度的欲望会让人进入到梦幻的程度。人们超越现实的种种要求在现实中不能实现的时候，人的思想就会发生混乱。太多的想法把人变得没有思想和情感，很像动物的状态，这种感觉就像今天我们的生活状况。

有些人，特别是一些挣到大钱或升了官的人，他们谁的话都不听，他们只信风水先生，甚至是那些小学还没有毕业的算命先生。至于那些大学毕业有文化的风水先生更是叱咤风云、财源滚滚。

我说这些话丝毫没有诋毁“风水学”的意思。我的意思是当科学不能解决人的欲望的时候，社会上就会有一种超越人类自身的文化，那时人类就会走向愚昧无知。

这也是人类文明的轮回！

今天，在中国北方，有南方的园林，在南方也有北方的高墙深院。在中国的北方种满了江南的宽叶树，四季青的植物，在南方也有了北方的针叶树种，有了冬天落叶的树种。在北京的建筑群中大量采用景观，大量设计水的系统，这对缺水的北方来说，可谓雪上加霜。

现在南方地区也开始建有高墙深院的房子，这就不正常。南方雨多水多、湿气大，如果不能很好的透气，对人的健康非常不利。我们知道，中国南方的村落一般不建围墙，而北方的乡村都有墙，他们的村名就是什么“堡”、“屯”、“营”，这些名词本身就是封闭性的户型，这对北方缺水的房子来说非常重要，高墙能保持土地中散发出来的湿气，能让人与湿气有最大面积的接触。

树种生长是根据一个地方的空气湿度、日光而定，与土地中的含水量、有机质有关。现在人们在随意地移植和引进，在改变着植物的基因。现在城市的外来植物，非本地植被正严重地扰乱着本地的生态系统，在改变着我们的微生物世界，30 年内如果不能调整过来，灾难是人类不可能拯救的。

再比如说，北方一般是针叶树种，因为针叶树种蒸发水量少，对风的阻力小，北方风大，宽叶树易刮倒；北方寒冷，宽叶受冻面大；北方雪大，宽叶树易折断树枝；北方植被生长期长，针叶能让更多的阳光普照。另一点就是北方土壤中含有机质偏低，如果是宽叶树种，树木营养不够，并且对北方本来就缺水的地区来说，更是一种资源性的破坏。

某些政府部门是制造不可持续发展的重要原因，某些官员以个人的权力高于专家的理论来发号施令，讲话和文件高于科学，打着科学发展观的旗帜在破坏科学。他们要求不开花的四季开花，要求四季如春。

风水在中国被人们所利用、所改变。我们的风里卷着可怕的毒菌，水中含混着大量污染物……风与水已不再纯净，风水大师还能预言吗？可能也不好使。

什么是不可回避的灾难？就是人们明明知道有问题，又不能回避，那就是灾难的开始。比如现在正常人绝对不可能去喝农药、吃化肥，可是人们每天又必须吃带农药和化肥的蔬菜与粮食，因为我们的土地中本身就带有严重的农药和大量的化肥残留。

30 年前，记得小时候我们经常吃“宝塔糖”，用来打肚子里的蛔虫。现在的小孩还用吃“宝塔糖”吗？不用了，我们每天吃的食品都有农药。现在农村的土地和稻田里蚯蚓、蚂蟥、蛇、鱼、虾、螺丝都没有了，自然生态系统被破坏了。老鼠没有蛇和鹰等天敌，疯狂地繁殖；野猪因为没有狼与虎也在惊人地增加；城市中的猫不怎么吃老鼠了，改吃人的口粮了；猪开始使用人的抗体、药品……这一切的改变，人的健康怎么能保证，人类的未来又该何去何从呢？

近几年我到农村发现，不少农民自己不吃养猪场的猪，自己不吃某些田里的菜，他们说这些都是给城市人吃的。他们的理由是城里人命大毒不死，因为城里人为我们制造的农药本来就是伪劣品，毒不死人，这也叫自己害自己。

城市的食谱乱得更加厉害。人应该依附于自然中的季节而生存，比如春天有花，夏天有莲，秋天结果，冬天养身。人就在这样的一个个季节中春天吃春天的菜，夏天吃夏天的菜，冬天吃大白菜和咸菜……也应该像动物一样在冬天进入养身和休息状态，这就是人与大自然的关系，也是健康与养生之道。可是现在一切全反了，冬天吃西瓜，春天吃螃蟹……

人完全拒绝季节，不合自然地在系统中生活，不按自然规律生活，人的身体就与自然界脱节了。可是大自然中的四季没有改变，于是无序的饮食影响了人体对自然环境的抗衡。不少人不是用运动和健康来抗病，而是依靠保健食品和药物来保护自己。人在与自然分离，人在小视、忽视甚至藐视自然，人们切断了自然中的生物链，自然也就不再是原先的自然，垃圾、污水、臭氧层空洞、“非典”、“蓝耳病”、“禽流感”等的出现也就不足为奇……

人类饮食、居住、习惯的改变，直接影响着水源、土地、空气、植物，就连自在的蜜蜂、春天的花粉、土壤中的微生物在近 30 年中也发生了急剧的改变。中国最珍贵的土壤中的有机质直线锐减，表层有机质含量很少超过 0.5%，而低于 0.2% 的土地就有可能转化成沙漠。这些正一步步地改变着一个看不见却又主宰着世界的微生物世界。

轮回需要风水，当风水不成立的时候，轮回还能成立吗?

支撑人类世界的微生物被狂妄自大的人类在逐年改变，300 年的工业文明正在侵蚀着 46 亿年的地球，人类走过的地方已经成为一片沙漠。人类的傲慢与冷漠让自然界开始了它的本能报复，如果人类再不正视自己的作孽并采取措施，人类将走向自我毁灭。

风水现在与玄学、八卦、风俗学已融为一体，风水已成为成功人士离不开的法宝。2008 年末，世界上刮起金融风暴，一些深信风水的人士损失极重，有的甚至离破产不远了。我曾经提醒他们去问问“风水先生”，他们回答说：“国家总理都解决不了，风水先生也不行”，他们想想又说：“风水是解决方位与运气的，它不管金融风暴”。

地球人真应该醒一醒了，风水和轮回，历史与运气确实如同日月斗转星移，我们需要清醒和明心，我们更需要思考人类的未来。

30 年河东，30 年河西，60 年一个轮回。

社会系统中首先是自然体系、人文系统、生产系统，这三个系统至今都已受到不同程度的创伤，而人类赖以生存的本源土地、流水、植被是这个星球上亿年形成的。如果我们只用 300 年的工业文明就摧毁了这个宇宙间唯一的家园，足可见近代人类的不管不顾与疯狂！人类的“伟大”正是应了老子的一句话“天欲其亡，必令其狂”。人类的灭亡不是因为战争，不是因为天灾，而是因为人类本身的无知、愚昧与一意孤行。人类发明所谓的科学技术，很多时候看起来是人类自掘坟墓的行为。

犹太人格言说：人类一思考，上帝就发笑。文明有时与愚昧是同行的，科学有时也会与风水轮回。铁打的营盘流水的兵，风水人生未必时来运转。

我还是坚持那句老话，不管什么事，适度为善，和谐为美。

2008 年 11 月 30 日于 596 次襄阳第 73 次之行途中

田园方城的建设

全国各地多在积极筹建田园城市，绿十字也参与了此项建设。田园方城在绿十字的设想中，不仅是有城有田，有山有水，有市民有农民，关键是一种生活和生产方式。生活是指道义、诚信和忠孝，这是中国文化的核心。没有这样的文化之根，田园与5000年的文明就很难对接。生产方式是说尊重自然，敬天敬地。中国农业自古就是有机的生产方式。有了生活与生产才诞生了华夏文明。今天的田园城市建设一般只注重形式和表面的美化。更多的是不合实际的设想。田园方城也只是设想，只是探索，最终能否实现，能否落地，还要经过一个漫长又艰难的论证与实践。

绿十字在对农村进行调研时，不但要对农村的经济、农民的生活进行调研，同时还非常重视新农村建设中的规划调研，关注农民的思想和行为，关注本土文化与生态环境，关注政府的最新政策，关注做事的人。规划分为三个层面，一是人文精神，这是规划中的最高境界，在“五山模式”中的五山茶坛祭祀，就是属于这方面的人文精神规划。二是生态平衡，这个工作属于多边缘跨领域跨学科，又需要资源整合，但政府又很难做整合部门资源，这个模式我们在宜昌枝江市问安镇做得有点成效。三是建筑艺术，建筑只是工程，是理科，是理性的。艺术是创作，是文科，是感性的。这些工作我们在宜城板桥店镇王台、五山、问安、山东费县方城等都有实践。目前我们的城市与乡村规划基本处在工程加理性阶段，与艺术还很遥远。

绿十字成立了"乡村规划设计工作室"就是想在规划方面做一些探索。

比如说，田园方城中的公共空间，这是城市活力和稳定的重要元素。公共空间的存在是为谁服务？它存在的意义是什么？这些在田园方城中又如何设定？

未来田园方城中的人群分为三种人，农民、市民、富有人。比例农民占 45%，市民占 35%，富有人占 20%。在这样一个比例中，田园方城与传统城市公共空间有本质的不同。现在城市基本没有农民，城市中工人和服务业、弱势群体占 60%，富有人占 25%、而贫困人群约 15%。富有人的公共空间是会所、俱乐部、高尔夫球场、歌剧院；工人、服务业、弱势群体基本到公共广场活动，弱势群体大多在打麻将、喝酒。正因为每个层次的收入、文化、活动范围的不同，那么在田园方城规划设计中，我们就要根据农民、市民、富有人不同比例和人群成因来考虑公共空间。

所以绿十字做的大多数工作就是从社会学的角度来关注人与自然的关系，调研人的思维方法和现阶段的现实问题。一句话，我们的调研不是找问题，我们是找问题中的希望。

周俊献与方城设想

2010 年 3 月 14 日，我与绿十字方洪军从北京赶到山东临沂市费县方城镇，与方城镇周俊献书记见面很亲切。在见过的县委、镇委书记办公室中，我最喜欢周俊献的办公室，感觉像我的办公室。

周书记的办公室不大，有 16 平方米，一张办公桌，一排书橱，一个练书法的桌子，两盆长得茂盛的君子兰。桌上角挂一盆吊兰。在办公室正面挂的全是规划设计图，墙上是绿十字设计的 20 几种房型。因为是扫描的，已经全退色了。书橱上贴着我最喜欢的一幅图《伟大的中轴线——北京》，我在北京的房间也贴着这张图。临南靠窗是接待客人的沙发，沙发样子看上去虽然很传统，但并不老气，而且很整洁，茶几上放着水果，是本地的果品：花生、核桃、苹果……

这是一个有文化品位的办公室。

2010 年年初，周书记在大雪纷飞的日子，顶着雪到北京与我讨论山东方城镇田园方城，研究颜真卿故里——诸满村的城乡统筹规划。大约 10 点多钟他们才到北京，而且已近大年三十了，我很不放心。我们不仅是合作的伙伴，而且在这些年的交往中，我们已经是好朋友了。第二天他们返回，我电话问他是否到家，他说他刚到，我才把这一颗不安的心搁下。

2010 年绿十字计划已不再接受任何项目了。今年只批准了河南开封的“河南模式”，所以方城之行只是我与周的朋友关系，来协助或是帮助他工作而已。

在方城印象最深的就是他常说的一句口头禅：“没（木）了”，就是没有的意思，用山东话一说就很有味道。这些日子到江苏盐城考察，那里人说“不”是“Bian”；四川人的“是”发音“搜”，说话时不停地说：“搜搜搜搜”；襄樊人“算球了”意思是“算了”。这些地方的特色方言，给我的印象很深，我必须学会几句，这对我以后与村民交流很管用。

到了办公室，周书记首先说道：前几天，县长与政协、人大的领导到方城镇听汇报，对现在的田园方城规划给予指导。并要求一是原临街的维稳中心大楼，调到新办公楼住址；二是鲁公苑调到南面临水边。领导批示一定要把方城建设成“看颜真卿文化，必来方城”的愿景。所以现在南北贯通大街就要建设成一个有颜真卿文化的大街。我很同意县委领导的指示，领导有眼力啊。

田园定位　方城立项

我一直盯着方城田园城市的概念，这个理想已经很多年了。从 1999 年碓臼石村开始，到北京兴寿镇一路下来，总是坎坎坷坷，要么是政府只说概念，要么是地方环境不好，要么就是根本不理解田园城市，六七年下来，田园城市还是空想。

在山东田园方城项目中，最先启动的是诸满村整体拆迁重建，图为村干部在讨论建立新的村规民约和农民如何有效的参与重建工作

这次来山东方城，就是有一个希望，方城镇有可能建田园城市。方城的缺点就是太小，这里基本就是一个大行政村。

田园城市是由城市人推出的概念，是针对城市的问题，按照城市人的梦想设计和建设的。城市目前面临的问题：交通堵塞，法律与道德不能对称，食品不安全，人与人关系冷漠，人与自然远离。这些问题农村基本没有。可是农民的问题是受教育少，收入低，经济落后，他们的梦想是到城市去。那么，实现城市与乡村的对接就可以满足各自的需求，这个需求对接的地方就是城市与乡村之间的缓冲带，这个地方我们称为“田园城市”。

田园城市是城市有农业用地，乡村有城市建设用地的交汇地带。它不仅有城乡两种文明的交融，而且工业文明与农耕文明间相互依存，更是法制与道德自治同行，又是当代文化与传统文化的互补。田园城市的关键是让当代人在反思今天不可持续的生活和生产的模式时，把以人为本转移到以自然为本，把今天的奢华生活调整为简约的生活。我们一边在协助做规划，一边与周书记和镇党委宣传委员邱凤香交流，一面在寻找方城田园城市的感觉。田园方城不在乎大小，而是要有理念与运行的方法，寻找突破口是关键。

一个项目的立意，有时很清晰，有时又很模糊。如“5 · 12”灾区重建就比较简单，建新房、保稳定就是目标与定位。“穆罕默德 · 王台”是以缓和民族矛盾和产业调整为主体，将《古兰经》融入到王台三组“村规民约”为突破口。五山模式以茶为文化，以茶为产业，做常态下的新农村，突破口是垃圾分类。

方城的突破口，几年时间内一直在徘徊。去年我们在成都考察彭州小鱼洞城乡一体化时，方城镇周书记给我打了一个电话。他觉得我们在枝江市为农民做的培训非常好。他看了农民写的培训感想后，提出方城目前最适合做田园城市。又过数日，他发短信给我：“我决定做方城田园城市。”

这之后，方城田园城市一直在我脑海中反思，方城能做吗？今天在城市里做田园城市是很难有空间的，那么从大的乡镇入手可以吗？方城镇有近 5 万人，省级中心镇，是一个以农业为主体的又是一个新起步的城镇。我在想，这对方城可能是一次机会，关键是市县在政策上能配合吗？方城本身还不是城，是乡，可以吗？市县领导的观念能跟上吗？

在第三次来方城之前，我与方工说方城可能做不了，如果做方城，“中国海南火山遗址旅游公园”就做不成了。方工说，那个项目太大了，我们可能做不了。我同意。

饭前，我们一起到街上转转，看看未来这个城市的田园概念怎么调整。这时候看到一间配电房，我停下说这个房子倒真漂亮。房子下面是石头砌的，墙缝是用水泥勾的线条，墙面是水泥毛面与光面结合，山墙清水墙随房檐走，方工说以前 3 级工拌泥，3 级半工人只能砌内墙，4 级工人砌外墙，5 级柱头，6 级标线，7 级看图……

周书记说现在的房子太难看了。

政策对接　诸满再起

15 日下午，周书记说诸满村准备利用村庄改造、土地整理、城乡统筹三项政策，重建一个诸满村。他们准备在村里建 40 栋居民楼，一部分平房。这个村有 5000 多人，占地 1300 多亩，卫星测绘是 1400 多亩地，基本上户均建设用地一亩多。村里翻建和新建房屋的很多，旧房占地多，占地不住人的空房也多，分户拆户也多，这些问题已经到了不能不解决的时候。

这个村要在村里建 40 栋楼房我觉得不妥，周书记建议到镇上建楼。方城镇驻地现在居住人口不到 2 万人，方城要发展成为中心镇，还需要集聚人口，增加楼房社区，实现集中居住，扩大消费，可是诸满村干部不愿意更不理解，他们认为村民根本不会到镇上住。

绿十字与山东方城镇诸满村村民一起制定村庄发展规划

周书记建议到村里看看，于是我们就一起直奔诸满村，再次实地调研。村党总支书记刘京志和另三个支部书记在村里，他们都认识我。我们大致看了一下村内环境。转了一圈就来到一个支部书记家。这位村干部有 60 岁了，是村里的老干部。这里大多数人家的房子基本一致，很像解放军排队，每家都有一个小院，正房三间，两边是厢房，院里还种了一些菜和葡萄。

说话间，村书记把诸满村的规划图拿来给我看。我仔细看了一下，没有说话。一般情况下我不会批评别人的规划，因为我深知市县二级规划院的难处与困惑。我也不喜欢走到哪里都不停地批评和指责，这给别人和自己的感觉都不好。因为别人如果看到我们的规划同样也是可以找出不少问题，所以与地方规划部门关系为善就是与自己为善。

村书记对着图介绍村的规划和想法，我心里在犹豫：诸满村是一个历史名村，又是大书法家颜真卿的故里。颜真卿身居丞相，是爱国名将，文武双全，人们只知道他是书法家，不知道他是一名武将，一名大唐重臣。历史上记载，颜真卿家乡于临沂诸满村西北 2 公里处，临沂的发源地在方城北一公里处，现在人称“古城里”，距“古城里”西北 2 公里处正是诸满村。

历史与今天汇合

据明《陋巷志》记载：颜盛，字叔台，又字叔震，汉末时任尚书郎，仕魏，历任青、徐二州刺史，赐爵关内侯。魏文帝黄初年间，任徐州刺史时，携眷属由鲁（曲阜）徙居琅琊临沂定居，代传孝恭，因号其为孝悌里。

颜氏之先出自黄帝之孙安为曹姓，其裔郲武公，名夷中，字伯颜，孙友别封，为小郲子遂以颜为氏，从此即有颜姓（《颜子研究》）。

在诸满村的西北处是颜氏墓葬群，集中葬于颜林，故称颜林村。颜林中颜氏大型墓葬共三座，古柏 24 棵，其中一棵松抱椿堪称国宝，可惜“文革”期间松柏、古墓均被严重破坏。据当时曾经挖掘过古墓的村民记述，古墓自北向南，一号墓墓门砖上刻有“泰始八年”字样（现存费县文化馆）。晋武帝司马炎第一个年号是泰始，颜盛曾任汉尚书、曹魏青徐二州刺史，关内侯。由此可见，此墓为颜盛之墓。颜盛生于汉末，卒于晋初泰始八年，历经三个朝代，终年 80 余岁。二号墓为鲁郡开国公颜真卿之墓。颜真卿于唐德宗贞元年 8 月 28 日被叛将李希烈杀害，死于兴龙寺，终年 76 岁。颜真卿、颜杲卿殉国后，其后人在颜林筑坟祭祀。明万历年间，费县县令杨果为颜真卿树碑并撰文，碑文至今村人犹能道之。三号墓为颜杲卿之墓，与其弟真卿墓并称二颜坟，以上既是招魂葬，或衣冠冢，也是其后人奠祀先人的明证。颜林村民中至今流传着风穴墓、无头将军等许多有关颜真卿的民间传说。

据颜氏家族史料记载，唐代“安史之乱”平定后，圣赐“复圣府”祖田（即祭田）四十八顷（4800 亩），其中曲阜 1200 亩，费县诸满 2200 亩，其他三地 1400 亩。费县祭田超过曲阜和其他地方，可见费县颜林和孝悌里地位的重要。

颜氏的历史与文化在诸满村知道的人不多了，如果今天再不挖掘、整理的话，在这次新农村重建中可能就荡然无存了。

走进这位做了 30 年村干部的人家，中间有一个炉子，是冬天用来取暖的，炉子边上放了不少玉米棒子，估计是烧火用的。我坐下后就催他们快烧水，并动手在茶几上抓一把花生吃。

这样一个历史名城，按现在规划的新村，有 40 栋居民楼，显然不适、不雅。可是不建楼 5000 人怎么办？不建楼就不能在 1300 亩土地上节约出 700 亩土地，没有 700 亩地腾出，就不可能有上级的资金扶持，没有这笔钱，诸满村又谈何重建？

村干部的决心

这是一系列的问题，特别难以解决，一下也找不出答案，来之前，邱凤香说他们对周书记提出的楼房搬到方城是想不通的。这位干了 30 年的老村干部正准备养老，一听说周书记要盖楼搬到方城，就把手一摊说：正好，我可以“退休”了，可是我们怎么和村民解释啊？

在与他们交流的过程中，他们一直强调诸满村是一个大村，以前比方城还大，先有诸满后有方城。百家姓中，我们村现在就有 80 多个姓，我们怎么能往方城搬呢？ 我笑了，也没有说话，没有与他们深谈之前尽量不要去否定他们。我千万不能给村干部不好的影响，不能让他们误认为是政府派来的说客。但实际上这种想法在我与周书记一起下车时，已经存在了。

这些干部都听过我的讲课，他们一直还在说孙老师你讲的课好，你讲的课我们记住了。你说“建设新农村，培育新干部”，干部是新农村的生产力，说得好，农村就是这样。

另一个村干部说：规划与文化是农村发展的核心，我们诸满村在朝这个方向发展。

我笑了，因为我进门后很随便，不见外，一开始就与他们的距离慢慢拉近了。整栋房搬到方城，这类很敏感的话题我是不能提的。我们全部坐下后，沉静了一会，谁也没有讲话。这时有个书记递来了一支烟，我接上，村书记点上火，生活中我是不抽烟的，可是农民给的烟我全部抽。

这个过程既是谈话，也是瞎聊，也可以说是谈心。最后他们把新的规划递给我和方洪军方工看时，我说：“按常理说这个规划不是我们的事，也不是周书记的事，这些是你们的事，可为什么又来了呢？我是被周书记的精神感动。年三十前，周书记顶着大雪连夜赶到北京，谈诸满村的规划。第二天又顶着大雪回方城。另一个原因就是我如果没有看到这个规划，不知道你们村是大书法家颜真卿的故里也罢了，可是这些我遇到了。遇到不说良心不安，一是对不起你们，二是对不起我自己，所以这次我又来了，目的就是想告诉你们，你们的规划有问题，听不听那是你们的事，只要我良心安了就可以了。”

他们直点头。村干部重情重义，动情是最好的工作方法。

几个村干部说，孙君教授我们听你的。我笑了。有他们这几句话，我才可以放心地说，在这个时候村干部与我们心理上应该是没有隔阂了。我接着说下去：

第一，你们村是历史名村，可是这个规划只是一个常规的规划，并没有颜氏故里和文化的特点。颜真卿这么有名，颜氏后裔散落在全球，每年都有祭拜，这些具备了旅游的条件，可是规划的新村中这些元素是没有的。

第二，从2006年到今天，农村发生了多大的变化。现在做城乡一体化，你们村距方城这么近，今天你们做的是城乡一体化，要与中央精神、政策一致，要做示范与典型，要抓住政策机会，可以争取到发展资金。但是你们的想法还是老思想，怎么建新农村？

今天你们的孩子还想种田吗（几个村干部摇摇头说根本不会）？城乡一体化就是把部分农民引入城市，成为市民，减少农民，让土地集中，实行农业机械化、产业化，不然一人一亩土地不是要永远穷下去了吗？

几个干部说，您说的正是我们想的。我们几个干部都五六十岁的人了，诸满村如果在我们手里不能再有辉煌，那我们这辈子就白活了。

第三，你们想一想，整栋楼房建在村里是可以的，可是污水怎么办？垃圾怎么办？楼坏了你们村有钱修吗？二楼地板漏水到一层，是一层来修还是二层来修呢？每天小区的路灯费由谁出呢？如果这些问题不能解决？不出两年，40栋楼房就是诸满的垃圾楼，你是拆还是炸呢？

刘书记听了直抓头，几个村干部听了都说建不得，建不得。刘书记说，您看我们村怎么办呢？我一边吃着他们家的花生，一边说你们村的规划与建设要分几步走：

要想让诸满的建设在你们手里有个样子，第一步就是要让村里的年轻人走出村庄，离开土地。让年轻人住到方城，到城市去，把土地集中，让农业走向现代化。具体做法就是让三分之一的人，即将近1500人搬到方城，把大楼盖到方城去，诸满要腾出700亩土地。700亩土地集体经营，让集体有钱。第二步是让40～65岁的人在家务农，照顾孩子。他们可以住在小四合院，守着土地，并开始规模化经营，把有机农业引入村庄，让旅游成为诸满的主体经济。第三步由政府和集体为残障老人、五保户，做好养老工作。他们可以全部住到敬老院，这样又可以节约更多的土地。最理想的是你们节约出 700 亩地。有这 700 亩地，才能争取到国家政策上的钱。

第四步，是重修诸满文化旅游名村。现在哪是什么名村，就是一个普通村，破破烂烂。所以这次重建就是要把住房、颜家弄堂、颜氏老屋、颜氏学堂、颜家广场、颜庙等一一恢复。这些建筑不仅是房子，还应该是历史。你们村要成为书法名村、旅游村，关键是要让小孩都喜欢书法，村民要喜欢书法，做鞋底，打花鼓，这才是一个活的、有文化的颜氏名村，而不是一个死的、表面的、虚假的文化名村。就颜林村来说吧，这是一个为颜家守墓的村，现在好了，把颜家墓平了，房子建到墓上了，岂有此理。

第五步，解决环境问题。环境分为人与人的环境，自然环境和精神环境。文化村、旅游村、名村第一件事就是干净。现在看看，村里垃圾遍地，家里院里乱成一团。这些事不难，就是要勤快一点，要少打牌少喝酒。你们要学习，要解放思想，村里不干净，旅游就想都不要想了。垃圾要分类，多种本地树种，房前屋后种花就是现在你要做的事。要组织村里的义务工，开展垃圾回收，环境监察，文化广播，一定要倡导每个村民一年为村里做一件好事，没有做好事的要记下，要公示。

要注意的是你们要团结，好的领导班子是做成事必须具备的，齐心协力才能成功。你们自己想好了，才可以做这件事。你们想在自己手里把诸满变个样，那是你们受党教育多年，有责任感。可是要真的做好这件事可不是小事，你们必须要准备脱两层皮，被人骂，被指责，要准备好吃三年的苦，这是一定要准备好的。

在做事的过程中，规划要先行。要出去看看，参观一下、了解一下外面的世界。解放思想非常重要，不出去也可以，那就是严格按图纸做。

这些问题你们考虑好了吗?

村干部没有说话，在思考。我说如果你们在城里有一套房与在村里有一套房（老人的）相比，价值多少你们知道吗？为什么农民都往城里跑，农民都在城市打工？现在是机会。在城里一套房实际市场价格你们知道吗？这等于你们捡来的。城里的房你们住也可以，将来不住又可以出租。城里有房子，农村有土地，你们既享受城市公共服务，小孩读书、公交、医院、水电气等，又能享受中央对农村的优惠政策。我们今天做的一切为了什么？村干部说是为了孩子。

这时刘书记说，你说得有道理，我们应该搬到方城去。

这时天晚了，我又约了他们明天下午到我住处，继续讨论，听取他们意见。农民很现实，变幻莫测，一夜下来可能又会变卦。不过我觉得刘书记不会变，他是一个有立场的人。

第二天下午他们在邱凤香的带领下，到费县宾馆找我。我说你们人不多，还有人呢？刘书记说怕影响你，他们几个在楼下，我叫他们全部到房间来。

昨天只有三个生产队的干部在场，还有三个队长没有来，所以我才叫他们今天也来。下午再请镇书记也来参与村民讨论，很多问题就可以解决了。

下午我需是要对土地、人口、村庄规划以及搬迁人数（到方城）有一个全面的了解，特别是500户年轻人转移到镇驻地居住，怎么选出来？

我问，你们能代表村民意见吗？要不要找一些村民代表？我说这话时，心里非常清楚他们就是村民，他们就是民意。如果真的找到农民，什么事也办不成，农民各有心思，无法统一。所以在农村只有村领导才代表真正的民意。

一开头就有几个领导不理解，那位做了三十年干部的人就不理解。另一个干部说农民要种地，住远了不方便啊。还有一个大个村干部不说话，总在发短信，看来现在还是有一些问题。

方工问刘书记："让这么多人搬到方城，要开群众大会讨论吧？"刘书记说："不用，村民一来开会，这个事就'木啦'（没有的意思）"。在农村做事就是讲要公平，一视同仁就行。我说怎么让这么多人到镇上呢？刘书记说："有办法，一是家里有上学的孩子必须来方城，二是要新建房的必须来，三是我们村干部带头搬到方城就可以了。"

我同意刘书记的想法，农民就听家长的，村干部就是家长。农村不能太民主，不能过多地与村民商议，果断是农村工作的重要经验，这就是乡村的自治。

头顶三尺有神灵

我一直在看诸满村地图，希望能从"风水"中找到搬迁的理由。农民对风水的信任远远超过对法律的理解。我与方工把诸满村的地图铺在床上。我看了半天，对他们说，你们村目前变迁得很厉害，而且变迁得极不合理。村是一个家，要求坐北朝南，大门对南叫朝阳门，好的风水是依山傍水。你们村的风水是左右两条河水拥抱，后有沂蒙山，前有方城，旁有临沂（原发源地），村前是开阔的平原一望无际。可是现在风水破坏了，这种破坏是人为的，现在进村不是从朝阳门进村，而是从村的后门进村，这叫"走后门"。原颜氏旧宅在村北诸满河以南，现在一条公路把颜氏旧宅与村分隔，断了村的元气。更为严重的是在村的正中间又斜开了一条路，村民觉得非常不吉利，管它叫"斜路"，这条路一条直线一点不拐弯，像一把剑直插诸满，特显"凶气"。

大家听了恍然大悟地说，难怪啊，这些年我们村做什么都不顺，孙老师说的太对了，我们村的风水坏了。我们现在是"进后门，走斜路，平颜墓，断前程。唉！问题严重。"

颜氏风水　诸满文化

颜家的墓地在城市的西北角，东南是缺口，这叫有钱难买东南缺。陵地隔山驻北，古人称“故人为阴宅，活人为阳宅”，阴阳要有区别。墓地的埋葬是非常讲究的，山区以山为隔，平原以水为线，无山无水以林为界。诸满的颜氏墓地正好在西北角，现在的颜氏村中间隔了一个金雀山。

这个村的规划与格局与北京的城市规划惊人的相似。

现在的新规划中，应该废掉穿村而过的斜路，从村的西边建一过路，从村的正南方向经过，所有进出村口应该从正南入村，这样风水也就正了。

费县旧志记载：“盐系商行，额引二千零五十张，每引一包重四百斤，运自涛洛口。业商福厚太一家，总店设诸满集。分店设南马庄。”很久以前，诸满村是蒙山一带有名的经济文化军事重地。那时，人们把诸满称为“二费县”，在费县城买不到的东西，来到诸满就能买到。1934 年费县县长任曰赢赴诸满考察时对诸满社长邵连三赞到：“我的费县城还赶不上你的诸满街繁华！”诸满街成为南通上海、南京，北到济南、北京等地的货物集散地。

在诸满的棋盘大街上，大小店铺鳞次栉比，各个商店生意兴隆。推车的、挑担的、赶牲口的等各式各样买卖人川流不息、人头攒动。夜幕降临后，更是热闹，灯笼与夜色连成一片。各商家伙计招徕客商的吆喝声、小商小贩的叫卖声、骡马贩子的牲口声此起彼伏，通宵达旦，把诸满街变成一个真正的“不夜城”。

这条方城北的古代盐道路线一直不是很清晰，我试图再努力寻找。一位同庄村的老人提醒了我，现在的高速公路，走的就是那条老盐道，就是有些地方弯大的取直了，基本上没变。我茅塞顿开，是呀，经常看到的这条日东高速公路，怎么就没有和盐道联系在一起呢，修路参照老路型，是很正常的事。我们的祖先趟出来的路，本来就是在当时条件下最省力，最省时的路（摘自杨东霞，《方城古盐道上的传奇故事》）。

城中有房　村中有田

经过不停地开导，大到国家政策，中到村干部的政绩，小到诸满村的风水，一而再再而三，我想应该会改变农民们的观念。与此同时，也在改变干部的观点。

田园方城鲁公苑设计图

在绿十字这几年的工作中总有一种感觉，那就是难点在政府，盲点在农民。用五山堰河村闵书记的话说："大事一定要向政府汇报（镇政府），小事坚决不要向领导汇报。"关键是大事小事怎么定位？这就要看村干部的水平。一个好的村干部，用方城周书记的话说："大事果断，小事糊涂，只抓人不抓事。"

这个村干部基本不喝酒、不抽烟，真是难得。在晚饭结束之前，村书记敬我吃三杯酒（白开水），第一杯是敬孙老师，谢谢您来得及时，让我们诸满村没有瞎折腾，你的观点与思想给我们指了明确的方向，有了奔头。第二杯是谢谢周书记，为我们村发展经济冒雪到北京办事，我很感动。第三杯是代表全村表态，一定好好干，一定让我们这任村干部不白活。

农村工作最难的事就是农民因受教育不同，远离城市的法律和制度，加上现在土地承包，个人与家庭意识极重。不过农民自我保护意识和维权意识也增强了。村干部在近几十年中威信与管理能力大减弱，其中一个重要原因是现在外出打工的人是留村人数的三倍，这些人见了世面，改变了观念，学到了知识。他们越来越发现本村没有变化，收入太低，他们回到村时，把好的想法、新的理念、城市里的见闻和半知半解的文明传递给村里的精英们。精英们认为村里要发展，就要向城市看齐。可是他们对宏观经济、工业体系、商品市场、资本市场、科学技术与信息化等不甚了解。他们想发财，想致富，想过城里人一样的现代化生活。这些年来，两栖农民在增加，在城市打工又回农村种田，许多80后已经成为准城市人。农民这个阶层开始渐渐地动摇，“农民”这个名词的含义渐渐在发生变化。

农民这个群体随着中央和全社会的关注，他们普遍拥护中央的惠农政策，但是对当前的新农村建设和城乡一体化建设心存疑虑。他们又喜又忧，喜的是新时代农村可以不指望种地生存，他们可以“卖地卖房”获得收入和城镇居民身份；忧的是让不少老年农民说，以后我们靠什么生存，农民没有土地怎么活?

我参与了很多让农民卖地的项目。我不希望农民卖地进城，可是单靠种地无法让他们真正富裕起来，过上城市人的现代生活。农民的希望又在哪里？ 短期内我真的看不到希望。

农民最好不要卖地，农民一旦失地又没有文化和技能，特别是偏远地区的农民，他们没有地就失去了生存唯一的保障。我想，土地出租或土地入股可能是最好的方法。这样可以让农民的土地成为他们获得持续收入的来源。事实上，许多农民也有这样的愿望。

我们在“5·12”汶川地震后，一直在做重建工作。我看到，这次重建中，很多农民的土地是统征统建，这部分农民住到新房后就没有土地。女人到55岁，男人到60岁才能领到500元生活补助，没有到年龄的人什么也没有。这部分人现在是灾区最有活力、但也是最不稳定的因素。他们在突然间没有了地，城市又很难接受他们，没有土地的农民是近期中国最大的不稳定因素，一年后地震灾区的农民已经从感恩转变为埋怨，二年后从埋怨又到抱怨……

方城项目在探索一条新路：在新农村建设中不是卖地而是保护耕地。让农民抓住中央政策优势，把年轻人迁到城市，把中年人留在土地上，让老年人有一个幸福的晚年。诸满村的发展是一种创新，它符合中央的城乡统筹，符合未来农民的发展愿望；它又是方城田园城市的重要的一步。这是方城一步至关重要的棋，也是方城田园城市内容的核心。

在未来城市中，不仅要打破城乡的土地界限，也打破了城市不能有农民生存空间的界限。更重要的是未来的城市会把乡村文明引入城市，就是人与自然和谐相处的文化，是我们的传统文化，不能丢弃。田园城市不是建城市，也不是建农村，是筹建一个社会的希望，一个梦想。很多人还不理解，因为不理解，所以田园方城要先行。

（感谢邱凤香提供大量资料，2010 年 3 月 19 日于什邡绿十字重建工作室）

改变中国的微生物时代

1988 年 9 月，邓小平明确指出“将来农业问题的出路，最终要由生物工程来解决，要靠尖端技术。”

钱学森也曾预言：“白色农业将带来产业革命，第六次产业革命将在中国发起。”

“白色农业之父”包建中教授提出：“发展白色农业，向微生物要‘粮’。”

从中国农科院包建中教授提出“白色农业”，到钱学森院士上书中央，再到中国众多院士联名上书国务院，一直到王立平先生研制开发微生物菌剂，并应用到生产与生活中，这个过程正是中国环境与生态处在被极度破坏的发展阶段，以致中国高层领导下决心把生态能源视为中华民族发展中的最后一道屏障，正如国家发展和改革委员会前任主任马凯所说：“中华民族没有退路”。

“细菌”即微生物的一种。中国老百姓所了解的“细菌”大多数还是从影视中了解，如：日本侵华时在东北以人为实验的“731”部队，法西斯的细菌战。正因为如此，中国老百姓觉得“细菌”是恐怖的，也是神秘的。

随着经济的高速增长，生活中的生态链随着人的欲望在断裂，无休止地向自然索取，使人的生存环境受到自然的报复：“非典”、“禽流感”、癌症、艾滋病……恐怖与无奈使我们的生活品质大打折扣；土壤板结、地下水污染、食品农药残留；原本是资源的垃圾变成了真正的垃圾，人畜的粪便原本是最好的有机肥，现在也成为重要的污染源……

污染的结果影响着中国人的生命与健康，限制着我们这个民族的发展，同时也在改变着国人的意识形态。

2005 年，温家宝总理向全国人民发出号召：真正让全国的老百姓呼吸上清洁的空气，喝上干净的水，吃上放心的食物，工作和生活环境良好，能安居乐业，至 2020 年，全面建成小康社会。

2020 年将很快到来，那么，我们将用什么方法来解决国人强烈关注的发展中的生态环境问题？路径在哪里？办法在哪里？

面对耕地不断地被侵占，中国政府多次亮起了红灯，并有了“死守 18 亿亩耕地”的口号。现在的问题是我们应该拥有什么样的土地？是目前病态的土地还是我们希望的绿色健康的土地？面对 2030 年的 16 亿人口和严重的环境制约，人类面临着一场新的生存与生态的挑战，人们开始认识到，未来我们确实需要发展白色农业，向微生物要粮。

所谓人类文明，实际上就是绿色文明，就是土地文明。世界上四大文明发源地的消亡，首先就是土地文明的退化，中国也正在步入一个可怕的黑色文明。

现代农业的动态划分，一是绿色农业，即传统的种植农业；二是蓝色农业，即海洋水生生物资源开发的保护与利用；三是白色农业，即微生物资源开发利用的农业。白色农业主要是改变几千年以来由植物和动物组成的二维农业，成为植物、动物、微生物构成的三维结构的“三色”农业，从而建立“植物是生产者，动物是消费者，微生物是分解还原者”的物质不灭原理，使原有生命体的土壤走向持续。

人们把生物菌分为有益菌和有害菌。菌是人的肉眼看不见也是摸不着的，菌无处不在，无处不有。我的老师陶康华几年前一直对我说“万物离不开微生物”，我一直以为老师说得有些严重，也是过于夸张。现在我渐渐地理解了。那么，有益与有害又怎么划分呢？

有益菌、有害菌只是概念上的动态划分。比如，过去说老虎、狼是“害虫”，是因为它们吃人，所以要消灭它们。现在这些动物还是会吃人，可是现在不仅不能消灭，而且要保护，它们又成了人类的朋友，这就是一个动态概念划分。

又比如说鱼类，鱼活的时候很漂亮，一旦死了，就会腐败、就会发臭，也就是说鱼活着的时候、漂亮的时候那是因为有益菌多于有害菌，有益菌在控制着鱼的生命。而鱼死后腐败了，就是有害菌多于有益菌，最后有害菌消灭有益菌，鱼被分解和还原到自然。

我们在日常生活中常说到的抗菌素，其实就是对有害菌进行制约。如果人有了癌症，要进行化疗，化疗就是杀死癌细胞，它同时也杀死了有益细胞……当然，生命中不能没有有害菌，有害菌与有益菌之间是互相依赖，互相支撑的关系，也就是我们常说的矛与盾的关系。话再说回来，目前我们水污染、土壤板结、庄稼病虫害、食品不安全、疾病增加……根源是生活的源头出问题了，是我们没有利用好微生物世界。

2007 年 5 月，北京绿十字正式与北京新纪元三色生态科技有限公司签订合作协议，在绿十字的新农村试点全面进行微生物试验。我们在土壤、水源、植物、动物粪便等领域全面进行推广性示范。

示范地点选在中原，以襄阳地区的宜城市板桥店镇王台村三组为中心，主要是对土壤中的农药残留、氮、磷、钾含量进行测定，对生态环境、植物与地下水进行跟踪检测，对该区域进行三年的环境与生态的评估。

对白色农业，绿十字也是刚刚有所了解，所以开始了与王立平先生的合作,利用他研制的“三色源菌剂”来还土壤健康。王立平先生反复对我说，20 世纪五六十年代我们有肥沃的土壤，可是没有高科技与优良的种子；现在我们有了优良的种子和好的技术，却没有了曾经肥沃的土地。绿十字做的工作就是希望恢复原生态环境，还原原生态土壤，实现既发展又能持续的农业。

当前的矛盾是“发展”会缩短“持续”，也是必然的。纵观几千年的文明衰落，都是因为人违背了自然规律而产生了一件件不和谐的事件。那样的文明越是灿烂，寿命越是短暂；另一种就是在持续中发展，犹如农耕文明，虽然发展缓慢，可是历史证明这样的文明才是可持续的。

微生物是否能改变中国，白色农业能否拯救土地，我们已迈出了第一步。了解它，使用它，就有可能迎来又一个持续发展的华夏文明。

2007 年 10 月 1 日于北京

后新农村时代

“后现代”强调事物的差异和多样性，从本质上解构西方马克思主义、现实主义、后殖民主义等，构成了后现代主义的文化景观，也解构了天人合一的道教哲理。这是后现代之所以为后现代主义的一个重要特点。

1999 年，我来到北京市延庆县碓臼石村，实施地球村环境教育培训基地的项目，开始有机会接触到乡村建设问题。2003 年底，北京绿十字开始在湖北省谷城县五山镇堰河村建设一个时下人们称道的新农村。虽然今天很多地方都在兴建新农村，但北京绿十字的新农村建设却有着许多与众不同的思路和做法，引来了大家的仿效和实践，一时间可谓百花齐放。

比较而言，我们更注重农民的协作精神和公众的参与能力，倡导“先生活，后生产”的理念，倡导有钱时做有钱的事，没钱时做没钱的事。我们一直在坚持实行：建设新农村，培养新干部，运用环保、艺术和宗教学，与项目、与政府、与农民的生产发展相结合，启用地方人才，以开启民智的方法来推动新农村建设。合理地使用政府资源并对政府的可持续发展观念进行实践。相对于目前的新农村硬件建设来说，五山的新农村建设更像西方社会所说的“后现代时期”，也有一点类似韩国的“新村运动”。

但时下的国内新农村建设与韩国的“新村运动”相比较，尚有一定的距离。这种距离就是缺少公众参与，而政府过于主观。

后现代学说是一种集聚了文化、哲学、艺术、自然、宗教、建筑学、美学、社会学等多种思潮的庞大而复杂的课题。后现代规划师们憧憬的是：人与自然和谐相依，居民每天和谐地与土地、水、风、植物和动物打交道；居民的日常需要，如衣、食、住等，基本可以得到满足；居民产出的废物基本可以被自然回收。

因此，提倡尽可能在社区生物圈内生产必需的食品；推动有机食品的生产；尽可能使用当地的建筑材料建设住宅；综合使用可再生能源；保护生物的多样性；利用有限的资源进行废物管理，保护清洁的土壤、水和空气；保护自然，守卫野生区域。

事实上，我们今天已经失去了的和渴望再得到的东西，在农村、山区和一些少数民族地区都有，甚至更好。例如，被自然环境环绕的村庄，鸡鸣狗叫的四合院，砖木构筑的低层住宅，太阳能热水器，有机蔬菜和水果；村民自治，村民委员会，公告栏，闲聊时用的石凳，鬓霜的童年之友……

我们的乡村原本就充满着生命、文化、建筑、生活、植物、文明的多样性。乡村人的精神、乡村人的友善、乡村人的爱心是那样的质朴，是现代化的都市人远远不可比拟的。乡村人的状态离我们所倡导的人与自然和谐的状态很近，人与人的和谐更是自然，他们现在的生活方式和精神境界，在某些方面就是都市人向往的，也是后现代主义推崇的理想境界。所以，新农村建设更要注意我们的规划，明确我们到底想要保留什么？要改变什么？这一点非常重要。

多年来，我们一直习惯于把很多规划和经济建设方面的事变成单一的政治任务，目前倡导的新农村建设中“农民增收”项目就渐变为新时期的口号与建设工程。 2006 年，新农村建设刚刚起步，全国新农村即进入了“大干快上”的时代：大投入、大规划、大建设，政府包办了农民的住房、养猪、停车、堆柴……把新农村建设推向了一个并不科学的时期。

我们今天看到的、听到的新农村建设很难全面体现中央提出的“20 个字”的新农村，而更多的是“树典型、比规模、比形象”的建设。如四川省的红沙村、江西省赣南模式等作为一个典型无可非议，也很有必要，但去学习和考察的人往往没有关注到他们典型的创新与创业，只看到一排排的新房子，只看到政府的大投入。于是全国范围内都掀起学习与建设的高潮，不管是富裕的地方还是贫穷的地方都在学，并在全国蔓延。这种政府包办式的不切实际的大投入，会带来一些问题。在大都市周边的农村是可行的，但对中西部更广阔的农村来说就没有多少示范意义。如此浩大的投入已不再是建村而是建城市了，问题是这样的投入针对全国60多万个存在不同问题的行政村又有多少示范意义呢？

什么是科学？科学就是真实，科学就是有延续性或称可复制性。目前很多地方建设的新农村试点，认真想想具有可复制的试点又有多少？几乎很少。

新农村建设需要的是在物质和精神方面的整体推进，而不是在哪一方面的突出。现在很多干部一提新农村就认为是“生产发展”，想想我们改革开放30年又有什么时候没有谈发展呢？现在的问题是“生产发展”抓多了，信仰与文明抓少了，抑或根本就没有抓到点子上去。

卖山、卖河、卖地是新农村建设资金的主要来源之一。另一种是政府投入，银行贷款，大企业投入（这一类主要是由县市主要领导负责的村），更多的自然村因没有钱，没有主要领导包村，依然贫穷如故。新农村建设将有可能又造就一批失地农民，引起占用耕地面积又解决不了搬迁等一系列问题，引来农村上访率增长，不能不引起我们的反思。

现在很多已建好的新农村已远远超过了大都市的社区，水电气、电话、有线、宽带、健身、游泳池、幼儿园、敬老院等，应有尽有。村庄有数字影院、生态公园、小超市等，很多还是免费的（因为只要一收费农民就不搬家，不搬家就建不了“新农村”）。

做什么事要有度，超出了度就是超常规发展。农村毕竟是农村，新农村建设要与他们的收入相对称，要与他们的文化、生活、习惯相对应。按现在的新农村规划来建设，未来庞大的农村社区管理费谁来支付？这显然是不客观的，现在不收费，还能永远不收费？ 其实，农民面对的还是一亩二分地，但地里不会长出金子，农民在家里不能养鸡、养狗、养猪，他们又要回到集体养鸡、养狗、养猪的时代，农民是从那个时代走过来的，难道还要走回去吗？这有可能吗？我们问问农民和基层干部就知道了——农民说那是穷折腾！我们是以城市的标准规划农民的新农村，主要原因是进行规划的人没有生活在农村，不知道农民生活的习惯。

广大农村有中国绝大多数的人口，那里尚存着中华民族纯朴、道义、善良、感恩的情结，这是我们国家和民族的精神财富。我们不希望建了新农村丢掉旧农村。旧农村是什么？是 5000 年的文明。这一点我们不得不在建设中反思，绝不能让我国悠久的历史文明成为现代人的遗憾。我们总不能住着新房子过着穷日子；我们总不能只要所谓人的“文明”而不要土壤、水源、植被的文明；我们绝不能违背自然和社会科学的规律建设新农村。

与此相反，五山的堰河村虽没有像样的广场，却有一个很漂亮的中水回用池，在小河边上有曲径通幽的观景走廊，那是村民们用城里废弃的地砖铺成的。在五山的新农村建设中，从“一建四改”、垃圾分类等小事入手，培养农民养成一种良好的生活方式，教村民们剪纸、喝豆浆、晒被子、建厕所、做一手上好的饭菜，教他们搞卫生、建茶坛，用沼气、太阳能等清洁能源，让他们学会逐步改善生态环境，从而带动村庄绿色经济的发展。

北京绿十字在湖北省谷城县五山镇进行着一场宁静的新农村建设，这里没有大拆大建，也没有什么大投入，是靠农民发挥大寨和大庆精神建设的家园。2006 年 4 月，人民出版社出版北京绿十字新农村建设系列丛书，中共中央政治局委员、原中共湖北省委书记俞正声批示：要认真研究“五山模式”。

“五山模式”是从生活与生产入手，把信仰与文化融入规划，引导和提倡农民参与，把新农村建设提到了一个民主与自治的层面，让农民在这个过程中知道我们村要建设了，要有希望了，要参与了，大伙要行动了……

这就是新农村与后新农村建设相结合的一个实验性的案例。正是在这样的环境中，我们觉得很有必要提出“后新农村”的概念，目的是有助于新农村建设的反思。

提出“后新农村时期”,就是因为城市在发展中的问题开始向农村延伸，不少地方的新农村建设已经成为城市建设的翻版，他们往往过于注重硬件建设，而忽略了身心、精神、文化、信仰的建设。北京绿十字在五山设计建造了茶民们敬仰的“茶坛”，把五山茶人的精神与文化注入茶坛，让人们尊敬茶，懂得茶的礼仪，并把开坛典礼做成每年一度的文化娱乐节日。每年的茶王大赛也激励着五山的茶人们种出更好的茶。

后新农村建设应该是全面激发农村的一种精神、一种希望、一种大寨和大庆的品质。应该遵循先生活后生产的理念，把人与自然的和谐列入生存与发展的国策，在城市与乡村之间架构一个立体的城乡互动式的生物圈，把文化与信仰的多样性列入新农村规划之中，因为这是维系中华五千年文明的最后底线，也是一个民族理性发展的源泉。

韩国在 35 年前就有过我们今天类似的农村建设的教训和心态，他们度过了阵痛时期，经过了 35 年的实践，他们终于有了新的收获。

韩国“新村运动”的精神：

——我们能做！

——干！就能成功。 韩国人成功地把一次乡村实践转化成一种爱国和道德伦理的运动。它最伟大的贡献在于唤醒了农民自身的智慧、创造精神和主动性。

而他们在 35 年前失败的教训：

——政府过于干预，农民依赖政府；

——过于注重物化（规划）建设，文化和环境受到不同程度的损伤；

——因为过于强调发展，产生了农业污染；

——过于注重农民建房，引发了农民的负债累累；

——未能克服小农经济和农业可持续发展衰退的困局；理论研究落后于社会实践。

现今新农村建设的主要任务是解决农村的基础建设，后新农村建设的重点则是精神与乡村文明问题。近年来，中国的城市步入了全面的物质时代，大多数都市人的信仰是“钱与财富”，钱是部分城市人的希望与未来。城市人的主要问题，就是缺少精神与信仰，且很难找到有效的办法来解决。我们必须明白：精神与信仰，才是一个人、一个家、一个民族和一个国家的灵魂与存在的价值！

也正因为如此，城市的希望在农村，农村的发展在城市，而城市和农村都面临着同样的需求，就是从物质转向精神，这是后新农村时期建设的重点。在物欲横流的今天，我们到底需要什么？ 城市文明？ 城市并不是这个国家的全部，它甚至还不是这个国家的头脑和灵魂，它并没有提供我们未来生活的样板。如果它的发达、繁荣，不能从精神和物质上引导整个民族的话，它终究不过是一个虚幻的乐园（此乃高超群先生所言）。

随着科学的发展，人们在感受日益丰富的物质生活的同时，也惊异地发现现代科学是一把双刃剑，它既能创造财富，也能产生出毁灭人类自身的力量！两次世界大战的自相残杀，地球环境的持续恶化，全球气候变暖，自然灾害频繁等，科学的进一步发展增添了人们的担忧。同时人类社会自身的欲望、恐怖活动等危害现象的猖獗，各种反主流文化的盛行，科学主义以及它所倡导的价值观正不断受到人们的审视和批判。

现在的中国正以最脆弱的生态系统承受着历史上最大的人口压力，以最稀缺的发展资源承载着最多人口的致富梦想，以迷茫的发展之路步入一个快速的精神污染的未来世界。新农村建设是历史发展的机遇，而后新农村建设不仅仅是乡村，也是我们城市发展的必然选择。后新农村时期在对官僚主义和主观主义产生冲击的同时，也反对以人为中心的人文主义和政府行政过于干预的体制，同时在重建人际沟通和生物链本能的个性等方面存在某种一致性。

很欣赏环境保护部副部长潘岳先生提出的“生态社会主义”的观点。我们可以对后新农村时代抱有这种希冀——这个时代是否可以最终过渡到潘岳先生所说的那个时代?

2006 年 7 月 29 日于北京南方画室

致谢

感谢襄樊职业学院阮先会老师、于晓燕、王佛全为本书做了大量的校对和编辑工作。参与前期校对的志愿者还有:廖星臣、胡晓芹、贾建友、毛运海、刘香、宗娟、于杰。

翁永凯、王奔、张小弟、赵晓明为此书出版和发行做了重要的贡献，同时也给予此书中肯的建议。

感谢美国爱心基金会对此书的支持与帮助。

这本书凝聚着绿十字和专家组的全部爱心，对长年给予绿十字文化传播中心支持的延庆县民政局和延庆县科学技术委员会深表谢意。向吴升、余宝军、封宁、程巧梅、张涓、沈迟、陶康华、王立平、赵乐城、王晓鸣、赵孟营、李念、禹明善、柳建、陈学斌、陈长春、王非、刘利生、王兴娥等致谢。

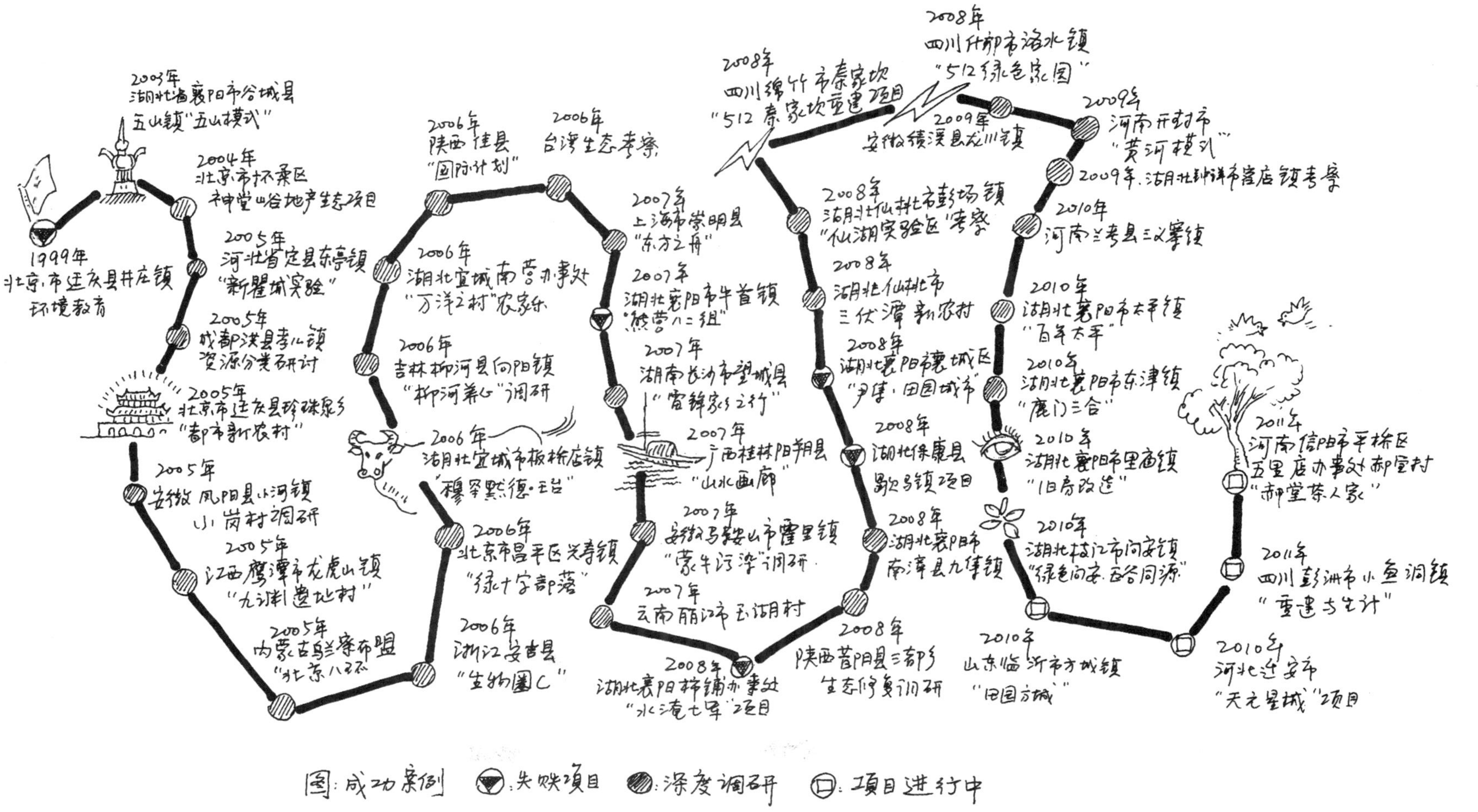

北京绿十字乡村建设路径

2011.4.20 于平桥区农宿山制